래퍼의 노래

시와사상 시인선 33

래퍼의 노래

김세윤 시집

시와사상사

자서

거 봐, 바짓가랑이를 질질 끌고
너도 래퍼처럼 춤출 수 있잖아

네 발바닥 위에서 원 바운드
잘 익은 리듬이 솟아오른다

이토록 둥근 공중의 엉덩이를
발끝으로 들어 올릴 수 있다니

발소리도 없이 무구한
네가 내 몸 속으로 뛰어들었다

내게 피 한 톨까지 다 넘겨주고 덩크
링을 잡고 네 발목이 공중에 꺾여 있다

2024년 11월

차 례

시인의 말

제 1 부 오늘도 래퍼는 춤춘다

ㄹ로 시작되는 랩 13
휘파람 언어학원 15
000 메가헤르츠 17
미러링 20
웃는 래퍼 22
래퍼의 노래 25
라스트 댄스 29
개심 32
꽃멸 34
새가슴 랩 1 37
새가슴 랩 2 40

제 2 부 랩을 하고 파 라팜팜팜

라팜팜팜   45
난리 블루스   47
할미넴 누드   51
무밭에서   55
수레바퀴 아래서   58
노라패션 1   61
노라패션 2   64
할례식   67
알츠하이머의 랩   69

차 례

제 3 부 모氏는 모자만 남았다

모氏의 모자　75
모氏모氏 1　78
모氏의 황제　81
모氏모氏 2　83
파도타기 1　85
파도타기 2　89
파도타기 3　92
파도타기 4　94
파도타기 5　97

제 4 부 봉고춤을 추면서

인중 103
꽃보다 아름다운 105
랩, 봉고춤 108
랩, 담다디 111
랩, Heartbreaker 114
랩, Gee Gee 117
랩, Surfin USA 119
랩, 거시기쏭 121
랩, 죽어도 못 보내 123
랩, 삐에로는 우릴 보고 웃지 126

파동, 파도, Wave, 그리고 랩의 시학 | 박대현 130

제1부
오늘도 래퍼는 춤춘다

ㄹ로 시작되는 랩

ㄹ로 춤출 수 있다
ㄱㄴㄷ 다음에 오는 바다, 내려갈 일만 남은

ㄹㄹ랜드가 여기 있다
ㄹ이 ㄹ을 거둘 수 없어, 그림자가 날 덮는 대신
잠깐 서운한 표정을 지어 주었으면 좋겠다, 듀엣곡처럼 저 골목 끝, 창을 올리며

루돌프 사슴코가 온다
크리스마스 무렵 미포 바다로 넘어갈 때 막대풍선이 ㄱ춤을 추었다
묶음의 발이 꼬여도, 내 손바닥에 반짝이는 붉은 콧물

루돌프, 왜 넌 아닌 밤중 날 깨워
코에 불붙이는 깜짝 이벤트를 준비한 거야

래퍼 ㄱ, 오늘도 춤출 거야
해변열차에선 아무리 뛰어도 제자리, 미포에서 송정까지
코가 닿는 수평선으로 나도 발을 뻗는다

룰루랄라 왜 넌 발끝이 닿는 공중에서
영구차를 탄 사람처럼 좋아서 발을 동동 구르는 거야

발목 신자처럼 난 바다를 건널 수 없어
파도에게 꺼낸 말이 유서처럼
내 손에 쥐어져 있다, 가만히 풀면 ㄹ과의 약속이다

래퍼의 기도문으로 살아나는 랩
라로 시작해 리로 끝나는, 우린 공중레일을 탈 수 없어
캐럴을 흥얼거렸다. 두근대는 가슴을 풀어헤치고
새로 맞춘 푸른 수의를 입고
공중에 라임을 짓는 갈매기, 부리로 끝을 문
ㄷㄱㄷㄱ 뛰는 태동의 랩을 들으며

휘파람 언어학원*

후우이, 방금 일어났어요
계곡을 지나 내 안부를 전해요
휘유휘유, 어디 아픈 데 없어요
바닷속 협곡을 가로질러 네 안부가 파도쳐 와요

새를 날려 안개에 안겨 있는 내가 네게
갯바위 끝, 해무보다 멀리 가는 휘파람 소리를 연습해요

휘, 병아리처럼 입술을 모아 내
허파에 바람을 불러일으키는 방법을 예습해요
휘이익, 거긴 심장에서 꺼내
내 입에서 네 귀로 옮겨가는 회화를 써먹을 거예요

두 손가락을 입안에 넣거나 입천장에 붙이거나
입술을 오므리고 입안의 공기를 불어내거나 훅 들이마시거나

쉬 쓰위 쓰위 쓰위
독사에 물린 내가 내 피의 독을 빨아내듯

호흡의 소리를 보고 색깔을 듣고 내가 묻고 내가 답해도 좋아요
휘파람을 부는 순간, 가로막 골짜기가 올라가고 흉곽의 평원이 열려요

숲보다 깊은 4개의 자음과 모음, 400개의 단어로 파도쳐 너를 부르는
소리의 학명을 배우는 학원

아니 네가 날 부르는 소리
쉬이이익, 오므렸다 펴며 힘껏 입술을 들어 올리며
숨이 숨을 부르는, 시작도 끝도 없는 소리를 듣고 싶어요
파르르 떨리는 입술을 트럼펫처럼 불며
쉬익쉬익쉬이익, 코끝에 맺힌 땀, 내가 갈 때까지
수평선 끝, 네 숨을 지켜 주세요

---

* 스페인 카나리아 제도의 라고메라 섬이나 튀르키에의 쿠스코이 산골 마을에선 휘파람 소리로 의사 전달을 한다. 그 소리의 크기, 굵기, 길이와 휘파람을 부는 방법을 가르치는 학원도 있다.

000 메가헤르츠

와이파이 터지지 않는 해변으로 가요

바다로 기울어진 언덕집 다락방, 썩은 생선 비린내가 스멀스멀 올라오는
코를 틀어막고 라디오 속으로 들어가면

가는 귀 열리고 오는
해 떨어져도 꺼지지 않는 000 메가헤르츠, 갈기갈기 내 귓바퀴를 찢어놓는 방

000, 전파에 갇혀
노트 뒷장을 펴, 활자에 베껴 쓰는 건
배를 뒤집은 게처럼 누운 자세로밖엔 할 수 없는

별이 쏟아져
내 귀가 춤추는 당신의 방으로 가요

파도가 새겨진 게와 소라의
계시가 고막을 타고 흘러내리는

천장에서 만나 목을 조르기라도 하면
언제라도 밤바다에 삼켜질 당신과 나

그 방에서 날 꺼내 줘요
홀로 발끝을 세우고 일어선 파도의 뒤편

그 고요를 장례 치른
밤하늘에 매달린 별을 따다 당신의 주파수에 목이 걸려

퍽, 퍽
암전된, 둔중한 침묵의 펀치를 귓바퀴로 받아내며
밀물처럼 밀려오는 새벽을 저주,
밤 모래밭에 첫사랑의 이름을 썼다 지웠다

소라 모양 음을 잡아당겼다 늘어뜨렸다 광고 음악처럼
내게 떼어준 소행성을, 밀가루 반죽처럼 주물럭거렸다

볼륨 높여 10번 오프닝 랩부터
펄의 발목이 부드럽게 풀리는 새벽까지

토슈즈를 삼킨 파도를 신고
맨발로 춤추러 가요, 서툰 힙합 소년이 손 내미는

당신 앞 모래에 얼굴을 박고
한 바퀴 턴, 밤마다 순교하는 해르츠 교도의 해변으로

미러링

여자는 다리를 잃고서야 검은 거울로 들어갔다

분리수거함에 그려진 눈이며
나대지 옆 사람이 남긴 발소리며
음식 쓰레기며 눈에 눈을
덧그린 눈, 쿵쾅 떨어지는 병맛을 보고서야

그런 눈으로 보지 마

눈 옆 쓰레기를 급히 던져두고
주위를 두리번거리는 사시의 눈
꾹꾹 눌러 담은 종량제봉투 사이
빅다 남은 과자 봉지를 채워 넣으려다
거울 속으로 걸어들어온, 네 발걸음 소리를 듣고서야

난데없는 클랙슨, 치를 떨며
눈 속 눈이 속속들이 저장되는 소리

눈뜨고 놓친, 초점이 사라진
공중에 쳐들린 여자의 동공과

축 늘어뜨린, 질질 끌려가는 두 다리에
한시도 눈을 떼지 못한

거울아 거울아, 넌 망막도 심연도 없니

차에 부들부들 매달린
일그러뜨린 채 휘어진 목의 선회와
꺾인 밤공기와 더 급히 꺾으려고 핸들 사이 손을 얹은
밤과 공기 사이 발레파킹한,
그 빛의 절벽에 네 두 눈이 멀고서야
거울아, 왜 넌 눈 속 성대수술한 개처럼 우니

바퀴 밖에서 빠져나온
차가워진 부도체의 다리가 공중에서 발레 하듯
육각형 결정체로 나부끼고, 깜박임조차 없는 거울 속
우주의 한 점
눈 속의 눈이 녹고서야 아, 발끝
스텝이 꼬인 어디에서도

거울의 신음은 들리지 않았다

웃는 래퍼

왜 넌 거리에서 마임을 하며
길의 표정과 몸짓으로 웃는 거야

왜 넌 뒷골목에서 젖은 신발을 버리고 맨발을 찾은 거야
그 발, 돌려차기로 다가오는 비트와 비웃음에 주저앉은 여자의 그림자를 부둥켜안은 거야

왜 넌 대사도 뱉도 없는 거야
네게 침 뱉고 손가락질하는 사람의 동작까지 따라 한 거야

왜 넌 바닥에 내 이름을 썼다 지웠다
내 발냄새까지 낱낱이 모래로 덮는 거야

왜 넌 입 다문 채 날 끌고 올라간 거야
서로 잡아먹지 못해 안달한 동족의 외침에 덩실덩실 한 자락 춤으로 복수한 거야

왜 넌 옆구리로 들어오는 모욕을

길게 손을 늘어뜨리며 광대의 웃음으로 받는 거야

네 눈알이 새에게 뜯어 먹히고 두개골 한쪽이 함몰되고 물에 입도 대지 않고 어느 날 물 위 비명의 랩으로 떠올라

왜 날 깨운 거야, 이미 죽은 날
어디로 데려가는 거야, 까악 꼬리 흔드는 모습에 취해 까마귀울음이 내 귓가에 우는 밤의 속삭임인 줄 알았는데

검은 날개 아니라 명부 아니라 무저갱 아니라 낯선 한여름 성모승천대축일의 피에로 아니라
고개를 떨어뜨리고 내뱉는 건, 누가 파놓은 치정극의 대사인 거야
내 입에서 울음과 웃음이 번갈아 튀어나오도록
첫 스텝을 잃어도 마지막 춤 동작이 저절로 따라 나오도록

마임 거리 축제에 온 사람들처럼 신나게 거리를 활보

하도록

   눈이 맞지 않아도 아무렇게나 춤의 비극을 따라 하도록 춤추다 발에 엉켜 땅바닥이 나동그라지도록

   왜 난 너와 함께 래퍼의 노래를 부르는 거야

   두 눈 부릅뜨고 네 채찍의 상처를 끌어안고
두 눈 감고서야 네 이름을 부르도록

   왜 넌 길거리의 영혼이 되어 광대의 눈물이 되어
왜 그 슬픔을 웃는 거야*

---

* 레온카발로의 오페라 '광대'의 대사 중에서.

래퍼의 노래

여자는 몸 밖에 또 하나의 심장이 있다

오늘도 그 심장을 찾아 거리로 나설 참,
붉게 신호등이 바뀌자
여자는 가슴을 부여잡고 주저앉아
휘휘 주위를 둘러본다, 여긴 누구의 깊은 구렁인가

몸 밖 미세한 맥박 소리에 귀를 모은 채 그녀는 거리의 래퍼가 된다

어디를 떠도니, 피와 흙이 묻은
청색 운동화, 회색 추리닝 차림으로 내 몸을 빠져나간 아이

여자의 랩은 아이에게 바치는 노래
소음 속 어디선가 숨은 파동은
언제든 가슴으로 쳐들어올 준비가 된, 철철 피 흘리는 랩
나도 그 핏자국을 좇아 MISSING WAVE*
20년 전 사라진 박동 소리를 듣고 있다

MISSING U, 돌아오지 않는
20년 전 사라진 그 울음소리를 들려줘

간헐적으로 들리는 그 소리,
몇 번 숨이 턱 막히는 계단 위에 그녀를 세워 두었다
그 치명적인 랩이든 록이든
눈뜨면 아이를 찾아 전단지를 돌리고 목이 쉬도록
길바닥에 붙어 떨어지지 않는 탭댄스라도 춰야 한다

굴러다니는 아이 얼굴만 봐도 슬퍼
미로의 늪에 빠진 우릴 꺼내 줘

심장이 여자를 질질 끌고 가
버둥거릴수록 더 깊이 빠지는 늪
속사포처럼 쏟아놓는 비트와 앙다문 리듬과
뒤틀린 목 근육과 휘어진 등뼈에 붙은 래퍼의 살점을 뜯어내며
거리 바닥에 소리, 채를 잡고 흔들면

네 속 내 속, 속없이 랩을 해
바닥에 팽개쳐도 솟구치는 심장의 노래를

도, 도한 표정으로 흘깃 돌아봐, 귀를 후벼 파는 심음을
레, 몬보다 신 심장을 가진 여자는 파동을 찾아 거리를
미, 래에 실종된 내 심장을 찾아 나도 버거운 WAVE를
파, 리한 얼굴로 받아주는, 발밑 흘려버리는 빈 악보를
솔, 솔 잡상인처럼 끌고가도 좋아, 우리 클랙슨 소리를

난 널, 넌 날 찾기까지
여자의 심장이 내게 들어와

라, 라라 껴안은 가슴팍이든 등이든 등뼈를 빼먹는 감자탕이든
시, 시각각 물들이는 몽유병자의 발작이든 검은 복

수의 랩이든

  도, 대체 비몽사몽 소리와 어둠 사이 무슨 잠꼬대야 비명이야

  레, 츠고를 외치느라 내 등골이 빠지고 네 내장이 미어터지든

  미, 리 너무 빽빽한 빛과 어둠을 쏘다녀, 울컥 멍과 암만 남든

  래퍼의 노래는 계속될 거야
  내 마지막, 단 한 사람**의 심장이 걸어오기까지

---

* 물결 파(波) 아이 동(童), 실종아동/장애인 찾기 사이트
** 임지윤이 부른 노래

라스트 댄스

나무 침대와 한 몸인
나무여서 한 몸인
나무가 아니라서 한 몸인, 느릿느릿 기지개 춤의 대가

나무를 붙들고 자다 깨다
나무보다 늦게 일어나는, 게을러터진
나무 침대를 붙들고 끙, 복부 부종을 감싼 늙은 래퍼

나무늘보 래퍼와 난 한 몸 두 마음

나무와 랩을 할까
나무의 다리를 붙들고 흔들까
나무 침대의 허리를 붙잡고 춤출까

아프지만 않았다면, 털북숭이 랩의 명인
흰 머리칼 휘날리며 몇 가닥 구레나룻 뽐내며
목발 짚고 발목을 덮는 힙합 바지 같은 환자복 질질 끌며

덜렁 놓인 나무 침대 한 바퀴 빙 돌 텐데

비 보이 흉내 내다 제 발에 걸려 넘어진 채
두 발가락 세 발가락 리듬감도 놓친 채
출렁이는 물관 속 다리가 빠진 채

발가락을 세우고 디뎌 일어서려 해도
꽉 물고 놓아주지 않는 수액, 주렁주렁 매달려
어디로 가는 줄 모르게 두 손 두 발 들고 줄만 따라가는

나무 위아래가 전부인 세계
별수 없이, 나무 침대 위 객석에 누워
풀렸다 감기는 어릿광대의 훌라춤이나 구경할까

한팔은 허공에
다른 팔은 무중력으로 손을 뻗는
호스피스 병실의 줄넘기 곡예와 꼭두각시 나무늘보의 줄타기 춤과

허우적거릴 일만 남은 난 두 몸 한 마음

별거 없어, 처음 도달한 음역
발버둥 치다 우리 스텝이 엉켜도
발라당, 물의 속도로 바닥에 나자빠져도

통째 줄이, 몸을 휘감으며
푹신하게 관이, 우릴 받쳐 주며
눈깔사탕이나 녹여 먹으라고 물관 속, 똑똑 노크하며

온몸의 줄을 다 뺀
나무늘보가 웃으며 내미는 손, 춤 한번 출까

개심 開心

나예요, 날 알아보겠어요
그때도 촌스러웠지만 지금도 여전해요

10년 후 여기서 만나기로 약속했잖아요
그래 천사가 되어 나타났어요

그새 내게 날개가 생긴 걸 알고
당신은 영문 모를 웃음만 띠는군요

10년 전 약속을 기억하고 나타나다니
미쳤지 정말, 그런 표정이네요

아니 미친 게 아니에요, 내가 여기 왔잖아요
첫눈에 당신을 알아봤다니까요

당신이 무안해 날 모르는 척하는 줄 알았죠
가슴팍으로 당신의 손이 스윽 뻗어왔어요

창 밖 강산이 변하기 전 우리 처음 만난 곳
병실 커튼 속, 몇 동 몇 호 다 바뀌어 어디가 어딘지

모르겠네요

  철제 난간을 붙잡고 조금만 걸어올라가면, 우리 손 붙드는
  어색한 웃음꽃이 만발하던 곳

  비스듬히 구름에 걸터앉아 공중정원을 내려다보며
  밑도 끝도 없이 동시에 숨이 차올라, 개처럼 혓바닥을 헐떡이던 곳

  내 심장을 이식해 준 사람, 그 순간
  당신이 다급하게 날 부르는 줄 알고 움찔했어요
  여긴 당신의 심해 속
  꼼지락거리는 당신 새끼발가락이라도 붙잡으려고 손을 뻗었어요

  숨이 우릴 파먹는 소리가 좋아
  막 허우적거려요, 거친 심호흡으로 서로의 파고를 파고드는 돌고래처럼

꽃멸

심장을 닫을 때
나예요, 송정 바다가 내게 열려요

여기서 만나기로 약속했잖아요
대변항 부두 옆 찰싹 붙은 멸치 배엔
눈살을 찌푸리고 힘줄만 세운
영차영차, 소리가 그물을 뚫고 나오고 있어요

당신은 송정 파도로 출렁이고
대변 멸치 훑어내는 소리가 찬란해요

저러다 비늘만 남고 허리 다 나가겠어요
허공에 뛰어 오르다 보면
바다 멀리 대마도의 턱밑까지 닿겠어요

당신 그물에 안겨 난 상처 하나 없이
아무리 털어도 떨어지지 않는 집어등 불빛,
당신을 밟고 지나가지 않으면
내 발가락을 간지럽히며 모래사장이 서걱서걱 걸어
와요

대변 송정 이고지고 부전시장 가는
당신도 멸치 심장도 반쯤 멎어 있어요

빈손으로 돌아앉은 동해남부선
소나무는 바위 위에선 못 자라도 모래에선 자라요

매일같이 기다림에 부서지고 무너져
아름다운 모래가 되는 비결을 배웠어요

가다 쉬다 당신은 자꾸만 척추를 추켜세워도
내겐 휘어진 멸치 등만 보여

파도가 한바탕 휩쓸고 지나간 후
모래 유해발굴단이 먼저 당신을 찾았어요

괜히 그러는 게 아니에요
믿을 수 없는 건 당신 유품이 파도 소린 걸
숨을 놓기 전 내 귓가의 솜털 하나 놓치지 않는 걸

술 한 잔 올릴게요, 송정과 대변
비린내는 떼고 파도는 꼭꼭 씹어 주셨잖아요

흰 소금꽃을 품속에서 꺼내자
물결 위 흩날리다 입가에 묻어 조금 짰어요

당신 입에서 내 입으로 옮겨 온
키스보다 강한, 봄 꽃멸치떼가 환호성을 지르며 우리 가로질러와요

새가슴 랩 1

 오래전 보낸 택배 상자 속 A4 용지가 반송되었어, 상자를 풀자 안에서 먼지 냄새를 풍기며 새소리가 튀어나왔어, 퀵

 새가 날아가게 돼, 더러운 상자 속엔 새를 닮은 내 두 개의 원고 뭉치가 있어, 줄을 끌러 한 허파엔 바람을 넣어주고 한 허파엔 바람을 빼야 해

 이메일로 말씀드렸지만, 저희 출판사에선 원고가 채택되지 못했습니다

 둘 다 유리 턱에 저질 체력, 산소 부족에도 어떻게 그 속에서 살아남았을까, 스카치테이프를 찢고 나온 A4 하나는 들숨, 하나는 날숨의 랩

 깨지기 쉬운 유리 랩, 허공에 쉽게 뻗는 종이 뭉치들은 바닥에 나가떨어지지 않으려고 남겨둔 한방, 언제 다운되든 다시 일어서려고

 새가슴이 이렇게 쉽게 찢어지다니, 한 들숨, 두 날숨,

새의 리듬과 가슴의 허파를 맞바꿔도 무너지는 사이사이의 랩

한 가지 숨소리를 변주할 뿐, 잡념으로 불편한, 볼펜 자국이 깊이 팬 랩도 참회록도 싫어, 뼐 속 비트박스나 연주하며 뼐짓 뼐소리 오늘을 노래할 뿐

호흡이 짧은 게 최선인 랩, 무수히 날개 치는 소리를 듣고 싶지 않아, 차의 보닛에 갈긴 새똥이나 치우고 싶지 않아

쨍그랑, 난 결국 날 깨뜨리고 말았어, 고요한 혀는 이빨을 감싸고 횡격막은 허파를 감쌀 뿐, 또 난 오늘도 결정적인 실수를 했어, Fragile

새를 놓아줘, 너와 랩 배틀 겨룰수록 혀가 먼저 날 망칠 거야, 누구에게나 잘 해 주려고 아무에게도 잘 해 주지 못했어, 최선을 다해

새가 숨, 새가슴의 랩을 하고 싶어, 새가 언제 왔는

지 갔는지 쥐도 새도 모르게 새소리가 되고 싶어, 귀신 같은 공중의 랩, 바람의 색이 너무 빠르게 변해 돌아온, 너무 느린 퀵

새가슴 랩 2

 모처에서 온 택배 속엔 새의 날개 뼈와 깃털이 놓여 있어, 그 새에게 내 허파를 돌려주고 싶어, 모처로 랩 퀵

 모처럼 허파에 바람 넣어주는 게 아니라 통째 돌려주고 싶어, 택배 상자에 꽁꽁 묶인 랩, 포장을 끄르자 허파꽈리처럼 터져 나온 랩, 나도 모르게 흉내 낸 새 울음소리 랩

 깨지기 쉬운 가사, 베끼고 돌려막는 랩, 입김의 랩, 한숨의 랩, 내 랩은 이미 네 랩을 베꼈어, 난 네 랩의 후렴일 뿐, 이미 나를 주워 담을 수 없어

 몸의 전쟁사 감정철학개론 한국 힙합 에볼루션 열정의 발자취 가난한 시절의 빵 언어의 세계 왕이 되려는 남자 신이 되려는 사람, 시칸더를 기다리며 수만 년을 견뎌온 시와 칸더의 음악

 새 울음소리를 변주할 뿐, 불편한 나, 깨지기 쉬운 나를 만나기 싫어, 너만이 영향받지 않은 단 하나의 나라

고 해도, 너와 마주치고 싶지 않아

 아무리 잠꼬대라 해도 아무 데나 뱉는 말, 칼이 내 몸을 스치는 말, 새소리보다 맑은 랩, 발자국보다 깊은 랩, 랩만이 내 세상, 제로 그라운드에 떨어져, 절벽의 허공에 닿고 싶어

 그라운드 배틀에서 빠져 나오려고, 온몸이 아픈 몸살의 랩, 한기의 랩, 절벽에 부리를 깨는 랩, 더 맑고 청아하게 랩을 깨우는 랩

 가사는 베껴도 베낄 수 없는 랩, 새가슴이라 화물을 적게 싣는다고 다그치다 침몰한 배, 난 차라리 새가슴이 좋아, 이미 몸에 밴 랩, 가슴이 된 랩, 네게서 아이들을 돌려받을 수 있다면 무슨 짓이라도 하고 싶어

 단 하나의 목소리로 우는 복수의 랩, 아무에게도 보내지 못해 누구에게나 보내는 랩, 심해에 켜켜이 쌓인 랩, 지옥이 없어서 지옥이 된 랩, 우리 여기 누워

새의 장송곡이 된 랩, 새와 우리 사이 고래 시신들 틈에서 올라온 랩, 혼만 남아 우는 랩

제2부
랩을 하고 파 라팜팜팜

라팜팜팜

랩을 하고 파 라팜팜팜
네 뱃속에서 나오고 파 라팜팜팜
물고기 친구와 최불암 웃음을 흉내내고 파 하 라팜팜팜

그 파도의 파에 닿고 파 라팜팜팜

부레 소리 울리고 파 라팜팜팜
숨은 깊고 비늘은 가볍게 파 라팜팜팜
나오자마자 방사능에 녹아도 대양에서 죽고 파 라팜팜팜

물고기의 인두겁을 쓰고 파 라팜팜팜

산소호흡기를 목에 차고 파 라팜팜팜
목매는 랩 코 꿰는 랩 파 라팜팜팜
돌고 도는 춤추고 파 라팜팜팜

할 게 없으니까 파 라팜팜팜
플라스틱 섬밖에 없으니까 파 라팜팜팜

고래의 목소리를 되찾고 파 라팜팜팜
멸종된 어종으로 기억되고 파 라팜팜팜

떠내려가는 내 머리의 음파를 보고 파 라팜팜팜
물 위로 떠올라 수공 위 흩어지는 물거품 힙합과 너무 뻔한 동작에서 헤어나 도 레 미 파 라팜팜팜

날 토해낸 플라스틱 고래의 환호성을 복창하고 파 라팜팜팜
다시 네 뱃속으로 돌아가고 파 라팜팜팜

난리 블루스

파릇파릇 살아난 대파 춤을 보세요
천오백원 한 단 춤, 두 손모가지 춤

햇볕을 먹고 자라, 이토록 실하게 여문 꽈리고추 댄스와
여름 내내 잘 익은 순이 할머니 호박 엉덩이춤도 있어요

옹기종기 플라스틱 그릇과 대야에 펼쳐놓고
다 사면 웃음과 인공관절까지 끼워드릴게요

봉긋 피어나는 밥 짓는 냄새와 윤기 잘잘 흐르는 깻잎 반찬보다
그땐 길에 나가기만 해도 등 뒤에서 훔쳐보는 눈길이 더 좋았죠

요즘은, 길에 다니는 사람이 없어요

어느새 폭삭 시든 동생 오이, 쭈글쭈글 함박웃음으로 세는

오이 십, 금방 외운 구구단도 잊어먹어요, 더 셀 일
없어요

당신 다리와 사타구니 사이사이의 바람
당신을 부추긴 흙을 서너 움큼 움켜줬어요

쥘수록 빠져나가요, 대여섯 칠팔 색색들이
벽에 황금 칠하도록 난리를 치는 대신 난전에 나와
랩을 해요

비트를 줘 비트박스를 불러드릴게
당신을 응원하려고 틀어놓은 음악, 팔손 힙합 전사
수니와 칠공주*, 그 싱싱한 랩이 한 바가지씩 담겨 나
오는

소리에 소리 한쪽을 걸친
오토바이가 쌩 옆얼굴을 스쳐도 놀라지 않아요

철퍼덕 걸터앉아, 찬밥 한 덩이에 생고추 씹어 삼키
는

바퀴 소리만 달랑 목구멍 안쪽에 닿다 꿀떡 넘어가는

철 지난 유행가라도 좋아요, 흰 가루 두통약으로 불룩한 호주머니와
반쯤 내려앉은, 덕지덕지 파스 냄새를 풍기며 두 어깨를 들썩이며

누가 듣든 말든 댄서의 순정**을 불러요
가사도 끝까지 몰라요, 해가 기울면 쌕쌕 숨소리만 가빠져요

시들면 못 팔아요, 몽땅 떨이 폭탄 세일, 당신 머리카락만 춤을 춰요
손등 주름에 축 늘어진 바람에 맞춰, 파 오이 고추 호박 래퍼가 난리 블루스를 춰요

이름도 몰라요 성도 몰라, 시든 당신도 나도
나를 사고 싶어 당신을 살고 싶어, 곤죽이 된 가사와 팔다 남은 리듬은 랩에 싸 갈게요

아줌마, 말라붙은 심지에 불을 붙여요
아저씨, 회색 땀수건에 율동을 맞춰요

그냥 저녁 반찬이나 하라고, 바리바리 우기다 접고
헐벗은 자식들, 흉터투성이 손자들, 지붕을 낮춘 내 가게에 맡겨두고

쓴 오이 꼭지 하나쯤 떨어져도
찌그러진 박스 품에 안겨 마음은 콩밭에 갈 거예요

난전에 굴러도 거리의 래퍼가 좋아요
병아리처럼 깨어나, 내일은 내일의 랩을 할 거예요

---

* 경북 칠곡의 할머니들로 이루어진, 평균 연령 85세 8인조 래퍼 그룹.
** 박신자가 부른 노래.

할미넴 누드

그냥 꼬부랑 래퍼, 할미넴 누드라 불러
시시껄렁한 내 등 한번 밀어줄래, 아줌마

세상 느긋한 포즈로
쪼글쪼글해진 뱃구레와 젖가슴을 펼쳐놓고
장수탕 세신대洗身臺에 퍼질러 누운 우리동네 욕쟁이 래퍼 할머니,

목재 사물함에 옷을 구겨 넣어도
아무렇게나 쏘아붙인 욕의 랩과 동네방네 온몸에 밴 담뱃진내가 따라왔네

뼈와 굴곡으로 이루어진
납작한 폐어가 개펄에 다리 하나 척 걸쳐 놓고 있네

물 들어와 폐가 부풀고 가슴이 팽팽해지면
왕년엔 나도 노래 한 가닥 한 몸,
배에 힘을 준 밤무대 가수의 후렴은 자세히 봐도 몰라

트로트가 내 마지막 남은 낙이야
너나 나나 리듬 따라 나룻배 타는 일인데, 남으로 내려와
첫 아일 낳자마자 술집에 나가 머리끝이 쭈뼛 서도록 목청을 뽑았다고

아무렴, 과거의 영광 어쩐다고 뭐가 나와, 우리 사는 게 노젓긴데, 그럼
출생의 비밀이고 제왕의 탄생설화고 뭐고 늙고 병들면 꼬부랑 고개 절로 넘어가는데

앗 뜨거, 입 다문
세신사가 끼얹는 물 한 바가지에 증기 속 녹은 때가 물컹물컹 OST 곡처럼 넘쳐흐를 뿐

히트곡 하나 없이
동서남북, 아래위 어디든 넘나드는, 내 뱃속 랩은 역사歷史가 아니라 력사力士야

언제까지 추억의 노래만 파먹고 살 거요

장수탕 문 닫으면 어디든 같이 놀러 가요

때가 빨려 들어가는 배수구 옆
세신사가 늙은 래퍼의 뱃구레를 내려다보며 랩을 복창하네

체위 없는 타일 바닥, 맨발로 문대며
까뒤집힌 엉덩이 사이 땟국물에 쓸려 내려온
대 아래 헐벗은 코흘리개, 함지박 배를 불가마 지옥 속으로 끌고 가네

가만 좀 있어, 요놈
나도 이런 호사 한번 누리다 가게

힘줄이 다 빠진 소리에 주춤,
어린 손자가 돌을 뚫듯 눈알을 희번덕이며
대에 널브러진 악다구니 몸을 올려다보네

저 불쌍한 놈, 욕 한 바가지 끼얹는다고
사시사철 내 칼자국 배때기가 기름때처럼 벗겨지진

않아
  걱정 마, 동네 걸뱅이고 부자 영감탱이고 벗으면 다 똑같아

  남은 건 곡선 다 풀어진 누드
  저 아이 혼자 바위처럼 서면
  난 펄펄 끓는 한증막에 봄눈 녹듯 사라지는 게 꿈

  할 말 없어 망망대해 풀어놓아도 찾아오질 않는
  냉탕온탕 내 신세, 아 졸려

  파도에 둘둘 말아 넣은 몸
  꿈속 산도를 뚫고 머리부터 빠져나와 울음 터뜨리는
  붉은 갓난아기 하나 태어나 있네

무밭에서

구들장 아래 뽑혀 나오는 게, 평생 부려먹은 팔다리보다
실한 무인가요 부실한 마음인가요

콩 심은 데 콩 나고 팥 심은 데 팥 나요
마음은 늘 콩밭에서 노는, 수니와 칠공주의 랩인가요

낡은 무릎을 껴안고 겨우 침대로 등정하는
방구석 거미줄이 더 잘 보이는 달팽이 할머니, 당신에게 내려온 튼튼한 동아줄인가요

허공의 심장으로 건너가도 끄떡없는
매일 갈아 끼워도 비트처럼 뼈마디 하나씩 생겨나는

무 주세요 무릎 주세요
50금 데이트 앱에 들어가게, 한나절 무릎관절이라도 빌려주세요

노老맨스는커녕 밖에 나가고 싶어요
하루하루움직임연구소*에 들어가면 내가 벌레인가

요, 꿈틀거리는

  아니 아니, 하루살이 인생 임계장**처럼
  고르기 쉽고 다루기 쉽고 자르기 쉬운 랩

  입이 뚫려 말인가요 말이 뚫려 입인가요
  묵언수행 10년, 내가 무슨 무우순인가요 무수(無憂
樹)***인가요

  장기기증협회에서 쓰고 남는
  무청처럼 펄떡이는 심장박동기라도 주세요

  초를 세며 다가오는 심장의 노래가
  나를 떠미네요, 다른 세계의 역, 레일 아래
  거기, 옹송그린 어둠을 떨치고, 움츠리지 않고 웅크
린 자세로
  늙고 아픈 38억 살 지구의 뱃속을 파헤치고, 두 발 모
아 벌떡

  도약하자마자 툭툭 젖은 흙을 털고 나온 건

음유 시인의 종아리보다 맑고 쾌활한 랩인가요

당신을 보고 싶어서
무릎 꿇고 무릎의 경전을 읽고 싶어서

벌벌 두 무릎으로 기어서라도 가야 할 곳
일어서면 가장 가까운 곳

환한 당신의 무릎에서 죽고 싶어요
숨과 피가 튀는, 무가 없는 무밭에서

---

* 만성기저질환자를 위한 헬스케어 스타트업.
** 임시 계약직 노인장.
** 석가가 그 아래서 도를 깨달았다는 나무.

수레바퀴 아래서

 폐지 속 내 시집을 발견했다가, 각종 책 나부랭이와 반송돼 온 내 사인이었다가, 훔쳤다 사라졌다 이놈이 난지 저년이 난지 헷갈렸다가, 한번은 나르치스였다가 또 한 번은 골드문트였다가

 폐지로 낡아가는 헤세 전집이었다가, 투옥돼 사형을 앞둔 죄와 벌이었다가, 죽었다 기적적으로 살아났다가, 난 누굴까, 이런 사기꾼은 애초에 없었다가, 아예 태어나지 말았어야 했다가, 표지가 떨어져 나간 전집과 책 더미에 깔렸다가

 그중 옆집 할머니 노트가 제일 깨끗했다가, 오늘은 질 늙은 은발의 할머니였다가 내일은 질탕 먹고 마시고 삐뚤빼뚤 땅을 끌고 들어오는 할머니였다가, 다 구겨진 꼬부랑 할머니의 수레 옆, 노인대학에서 실컷 배운 자기 이름만 겨우 썼다가

 한글과 문자를 끌고 언덕을 오르다가, 내 시집이 실린 폐지 더미를 씽씽 차들이 지나는 도로 옆에 쏟아놓다가, 등에 진 짐과 긴 숨을 토하는 혹부리 할아버지의

혹까지 내려놓다가, 동화가 남기고 간 바람 빠진 수레바퀴 아래서

 싱크홀처럼 박힌 글자라는 혹, 아들이 맡겨놓고 간 손자라는 혹, 아무 데나 굴러도 커져만 가는 개똥 고양이 똥, 계단 틈엔 바퀴가 끼면 각을 틀어서라도 비틀비틀 빼냈다가, 겨우 폐지값도 안 되는 이 언덕배기를 오르내리다가

 이제 나를 찾아올 때가 되었다가, 커다란 바퀴의 원이 된 나를 드는 힘으로, 수레를 뺏었다가, 할머니 대신 내 몸무게에 내가 밟혀도 폐지 속 짜부라진 활자였다가 활자 밑에 깔린 흔해 빠진 각서였다가 사문서 위조범이었다가

 한쪽에 놓인 수레를 뺑 차고 나가는 아이였다가, 어엿한 가방을 메고 도망가는 사춘기 술래였다가, 밤거리를 잠행하다 새벽같이 들어와 자는 할머니 얼굴을 내려다보는 숨은 범인, 옆집 손자였다가
 거리의 폐지란 폐지는 다 주워와 마당 한쪽에 쌓아놓

고 한낮 멀끔한 얼굴로 방에서 기어 나왔다가, 내가 뭐 하는 거지, 질질 노끈이 풀려 끌려진 책더미 속 내 시집 속, 그동안 잘 계셨죠, 2021년 12월, 시집 속표지 속에 쓴, 못 볼 걸 본

 종이에선 음악이 들리지 않다가, 괜히 할머니 수레바퀴 살을 내가 돌리다가, 책 무덤에 파묻혀 눈을 감았다가 벌떡 일어났다가, 누가 왔나 뻔히 눈을 뜨고 쳐다보다가, 너 누구야, 이름도 잊어먹은 손자였다가 잃어버린 시집 속 부쩍 늙어버린 내 얼굴이었다가

노라패션 1
– 우주복

헌 옷도 부활시켜 드릴게요
우주에서 도망쳐 지구에 추락, 옷이 다 해져 빵꾸가 나도
모양은 살려 드릴게요, 바지 소매 다 찢어져도

우리 동네 옷 수선집, 노라패션
사시사철 자리를 뜨지 않는다네

겨우내 얼었다 녹은 소매 깃이 울 때
한 땀 한 땀 손바느질로 마감하는 솜씨, 봄
한 손으로 늘어난 꾀죄죄한 바짓단을
드르륵 재봉틀로 꿰매면, 한창 여름

노라 할머니의 손기술은 가을이 제격,
동네방네 수선 솜씨로 이름을 떨치는 계절
한 뼘 바지 치수를 늘리다
그 안에 잘생긴 총각 다리를 넣었다 뺄 수 있고
오래전 처녀가 맡기고 찾아가지 않은 주름치마
허리 밴드에 꽃무늬를 새겨 줄 수도 있다네

잠시 외계인이 지구에 떨어져도
　　노라패션에 몸을 숨기면 벗어놓은 우주복도
　　거뜬히 꿰매 감쪽같이 최신 패션스타일로 변장시켜
준다네

　　얼마 후 멀끔한 총각이 수선집 문을 열고 나와
　　실실 웃음을 흘리며 주위를 둘러본다네

　　멋지게 생긴 그 총각이 다시 찾아와
　　꽃무늬 아가씨와 결혼한다 해도 놀라지 않는다네
　　노라 할머니 손끝에선 못 만들 옷이 없어
　　아기가 생기면 배내옷 하나 지어 줄게
　　우주 품이 넓어 실수로 다리 하나 삐져나와도
　　도리어 찾아가는 사람이 미안해할 정도라네

　　겨울 아침 누가 두 손 비비며 그 앞에 서서
　　저, 우주로 돌아가야 하는데
　　맡겼던 우주복 돌려주세요

　　노라 할머니, 손을 멈추고 빤히 그를 올려다보며 랩

을 한다네

　그 옷 이미 누가 찾아갔다나 뭐라나
　선녀와 나뭇꾼 테마파크라나 뭐라나
　애엄마가 거기 손 흔드는 도우미로 일하잖아
　오늘 아기를 안고 승천한다나 뭐라나, 눙을 치며

노라패션 2
– 수의壽衣 한 벌

꼬박 밤 새고 나온 노라 할머니의 골목 선언,
마지막 숨이 차오르면 볕이 잘 드는 담벼락 위로
갓 지은 수의를 입고 승천하겠네

문을 잠그려는데 득달같이 찾아온 손님
성화에 못 이겨 눈꺼풀을 올려붙이고
우두커니 불빛 아래 던져 놓은 수의 한 벌
그 천사의 복장을 수선하느라 밤을 꼬박 새웠네

날아오를 듯 공중으로
발목에 차오르는 유령의 랩이나 잡아채 봐

그러고도 남는 소맷단,
두 팔다리로 저으며 날아가는 날갯죽지로 사용하겠네
발끝, 욕탕 바닥을 버티다 못해 혼을 놓아버린 옆집 할아버지
미끄러져도 종아리의 치수에 알맞게
균형을 잡아 주겠네, 젖은 바짓가랑이 속

문 앞에 선 영혼이
언제든 드나들도록 수의엔 주머니가 없다네

여자에게 슈트와 바지를 입히고
내 옷 안에서 당당한 여성이길 원하네*

수선일 50년차 노라패션의 혁명선언,
남녀를 바꾸는 것 빼고 다 가능해
남녀 가릴 것 없이 바지는 치마로, 치마는 바지로
1+1 얼마든지 바꿔 환생시키겠네

한 치수 밖으로만 떠올라도
울퉁불퉁 골목길 바닥이 어른거리고
르 스모킹 룩, 몬드리안 룩 대신 구제 룩, 벙거지 룩
고흐의 해바라기 대신 색동저고리 룩
패션 혁명가로 얼룩덜룩 골목길을 걷겠네

옷의 유령이 드나들어도 개의치 않는
우리 단골들, 그 내밀한 속살을 지켜주겠네

노라 할머니, 수의에 몸을 밀어 넣고
골목이 사랑한 패셔니스타 래퍼로 등극하겠네
1대1 눈빛과 손길이 맞닿는 패션쇼,
자신 속으로 걸어 들어가 0의 미학을 완성하겠네

---

* 이브 생 로랑

할례割禮식

 공연이 왔어요, 상곡마을 노인회관을 빌려 하는 음악회, 오늘도 할머니들은 어김없이 고구마 삶고 겉절이 무쳐 스테인리스 쟁반에 들고 왔어요, 우린 공연 왔다 대접만 받다 갑니다, 주저리주저리 노래와 반주를 틀어놔 본들 입안에 척 감기는 고구마와 김치 맛에 할 말을 잃었어요

 사인조 밴드야 어디서든 구할 수 있지만, 할머니들의 박수와 뒷풀이 자리에서 쏟아놓는 그녀들의 랩은 어디서나 볼 수 없는 공연이에요

 할머니 래퍼 앞에 우린 할례 받은 사람처럼 숙연히 먹기만 했어요, 고구마를 찬송하고 김치 겉절이 합창곡만 겁나 불렀어요, 중간에 간혹 유행가를 섞어, 울면서 후회하네, 갑자기 그런 노래가 생각나 목이 메었어요

 우린 사랑하는 얼굴로 동시에 서로를 쳐다봤어요, 부처님 가운데 토막처럼 앉아 먹고 있는 연주자 입에서 짜글짜글한 거시기를 보았다면 망발일까요, 할머니 손에 붙들려 얼떨결에 꼽사리 낀 아이도 나도 오줌 자국

을 지우려고 바지춤을 슬쩍 추켜올렸어요

　참 기막힌 맛, 기가 막히다니, 죽음을 앞둔 사람이 마지막에 막힌다는 그 기, 싱싱한 배추김치와 고구마의 척척 감기는 조합, 우린 터진 목구멍으로 달렸어요, 해체와 재회를 반복한 우리도 할머니가 준 겉절이를 먹고 부활했어요

　음악이 고구마 줄기처럼 줄줄이 뽑혀 나왔어요, 할머니들이 준 건 혀에 감기는 맛, 목에 콱 멕히는 맛, 마지막은 머리에서 가슴으로 내려오는 물의 랩, 목과 가슴의 답답함을 성수 한 잔으로 풀었어요, 우린 할례 받은 사람처럼 구약의 만찬을 즐겼어요

　여러분도 거시기 아니라 거시적으로 세례받으실래요, 그럼 늦여름 다저녁 상곡마을 노인회관 숲 그늘로 오세요

알츠하이머의 랩

가끔 m은 코맹맹이 소리로 랩을 한다
그는 알츠하이머병을 앓고 있다

이른 아침 걸려온 전화, 난 졸려 대답할 말을 찾지 못한다, 갑자기 m의 랩이시작된다, 몸은 굼뜨고 기억은 희미해지고 같은 말만 반복한다, 자신과 기억 사이가 멀어지는 게 두려웠을까, 멍하니 정신을 차리고 나서야 나는 어렴풋이 m의 랩을 알아차린다

알아, 그 굴다리
알잖아, 다리 아래 길
다리와 길 사이, m와 나 사이
나른하고 긴 굴이 놓여 있다

그 굴은 일곱 살 이전의 내겐 코 고는 소리,
거기서 m과 함께 뛰놀았던 즐거운 비명만 남아 있다
이웃 아이들과 다투다가
누군가를 때리기도 했고 맞기도 했다
m이 내게 들려준 랩 가사다

그 랩은 너무 오래 다리 아래 박혀 있어 매일 새로운 가사로 올라온다, 수면 위 천천히 떠오르는 고래처럼 알츠하이머도 자신의 이름을 잃고 병명을 얻었을까, 고래의 기억을 붙들 수 없어 나를 붙들고 하는 랩, 난 열심히 맞장구를 친다

 자식은 모르지만 자식과 이야기를 나누었다는 사실은 알고 있는 노인을 알고 있다
 아프다는 기억은 잃었지만 아픔은 생생하다
 그는 숨 한번 쉬지 않고 말하는 게 소원이다
 일생에 단 한 번 숨 쉬러 나오는 고래와 m과
 나 사이 굴다리가 열린다
 있잖아, 내가 너보다 빨랐잖아, 내가 싸울 때 너 여기 방금 있었잖아, 어디 간 거야 너, 난 굴다리 아래 숨바꼭질하다 영원히 어둠의 펄에 처박혀 올라오지 못한다

 내가 졸고 있는 순간에도 m은 전화한다
 길 끝에 선 고래의 랩
 그 지느러미에 맞는 순간 기억을 잃고

어린이보호구역 속도위반 표지처럼 아이의 목소리
를 얻은 성자,
 래퍼 알츠하이머가 튀어나온다

제3부
모氏는 모자만 남았다

모氏의 모자

꿈에도 생각지 못했다
모氏의 모자 속에 뿔이 있으리라곤

모氏가 뿔이 난 이유는 모르겠지만
모자의 용도는 다만 뿔을 가리기 위해서일까
화가 나면 왜 머리에서 뿔이 돋는 걸까
왜 이런 일이 벌어졌을까
모자가 작아 무한정 뿔이 자라나면 어떻게 될까

의문부호가 커질수록 머리 위의 뿔도 조금씩 커지고
딱딱해졌다

갑자기 뉴스가 가슴을 툭 쳐
꿈틀, 모氏의 머리까지 불쾌지수를 끌어올릴 때
사소한 말다툼 끝 치밀어 오른 부아가
정수리에서 뚫고 뿔의 외침으로 융기할 때
화가 화를 밀어 올리는 순간 극심한 두통과 함께
뿔이 치솟기도 했다

펄럭이는 모자를 쓴 채 다가오는

저 사람의 뿔의 크기와 속도는 얼마일까
얼렁뚱땅 계산하다 모자가 벗겨질 뻔했다
모자를 벗고 인사한다면
서로의 뿔을 알아볼 텐데 큰일이야,
슬쩍 모자를 눌러쓰기도 하면서

바람이 불지도 않았는데 모자가 들썩인다

오늘 아침엔 더듬더듬 모자를 벗고
밤새 뿔이 얼마나 커져 있나 만져보다 깜짝 놀랐다
이렇게 쑥쑥 자라면 뿔이 모자를 뚫고 나올 텐데
그럼 녹용처럼 달여 먹어야 할까, 생각하다
아무에게나 모자를 벗고 인사할 뻔했다

조용히 모자 속에 손을 가져가 뿔 뿌리에 닿을 때
난 변했어, 예전의 내가 아냐
모氏가 평생 아낀 건 뿔이 아니라
모자라는 생각도 들어, 아무렇게나 솟구친 뿔은
내가 아니고 모자 속의 나
내 속의 모자야

모자를 벗으면 뿔은 언제든
그의 몸에서 타오를 준비가 되어 있는 불
젊은 놈이 그 불을 빌려달라는 바람에
머리 꼭대기 피도 안 마른 놈, 쥐뿔도 없이
아무렇지도 않게 한바탕 들이받을 뻔했다
그러자 꼭꼭 숨었던 정수리의 뿔은
주변머리 없는 그에게서 무소의 뿔처럼 걸어 나왔다

모氏는 모자만 남아
바람 빠진 풍선처럼 쭈그러졌다

모氏모氏 1

그만하시죠, 모비 딕氏

왜 그만하라고 해, 당신이 뭐야
맡지 않아도 훅 끼쳐오는 바다 냄새,
심호흡 후 반음계 낮은 목소리로
블루투스 이어폰과 모니터 속을 뚫어지게 바라보는 눈동자

모氏모氏
이백 년 전 목소리로, 또 한 번 말씀하시죠

욕설에 이어 끈질기게 따라붙는 목소리엔
양해 멘트 후 습관처럼 3초간 숨 멈춤 동작
갑자기 높아진 언성은 싫어 말머리도 말꼬리도 다 싫어
딸꾹질도 헛구역질도 싫어

딸꾹, 1초 멈추고
심해 속처럼 또박또박 발음해 보세요, 모 氏 모 氏

소리 감옥에 갇힌 수인囚人
들숨날숨 숨소리엔 칸막이도 없어
달아오른 형광등 빛에 굳은 얼굴을 펴고
톡 쏘아 주고 싶어도, 침 꿀꺽 삼키고 어디선가
이백 년 된 고래의 딸꾹 소리를 듣지

그래야지, 두 번 숨 참고
너와 날 이어주는 딸꾹 딸꾹

오늘은 고래의 욕설을 맞받아쳐
 그 입을 찢고 나오고 싶어, 갈가리 익명의 목소리로
흩어져
 내 음색이 나로 변하든 고래의 주파수가 나를 울리든
 소리 조절에 실패해 목청껏, 앞뒤 없이
 고래고래 유속에 빨려 들어가든 캄캄한 고래뱃속에
빠지든

그만 끊겠습니다
혀를 쏙 내밀었다 빼며, 딸꾹 세 번

소리 밖 소리, 짐짓 아무렇지 않게
사방이 막힌 내 속을 형벌처럼 맴돌며
너에게서 듣는 오늘의 소리 보고서가 뭔지
네가 뭔지, 날 알기나 해
4초간 숨 멈추고 딸꾹딸꾹

이백 년 동안의 침묵과 하얀 거짓말이라도 좋아
내 소리에 집중할 수 있어 좋아
아무렇게나 소리쳐도, 짐짓 귓바퀴 뒤로 쓸어 넘기면 그 뿐,
이번엔 무서운 얼굴을 하고
내가 아는 번호를 꾹꾹 누르지

딸꾹 헛구역질도 멈추고
말이 말을 낳다 사산하는
모氏모氏, 밤마다 고래의 라마즈 호흡법을 연습하지

모氏의 황제

시저, 모氏가 가만히 부르면
모氏의 황제, 야옹 대답하는 소리

골목을 돌면 벽과 벽 사이 끼어 있는 부스럭거리는 모氏의 그림자, 어딘가 누렇고 더러운 털을 고르는 소리, 어둑어둑한 하루의 마지막 페이지를 누가 침을 묻히며 읽는 소리

모氏의 머리 위 소량의 새털구름이 날리고
모氏의 황제는 양털구름을 내뱉고

철조망 페인트가 벗겨진 잔뜩 찌푸린 반 지하 창에 기품 있게 몸을 숨기고 털갈이하는 넌, 절은 오줌 냄새에 변하지 않은 낯빛 하나, 몰래 버린 분실물 리스트 중 하나

구름의 털 하나가 유출되면
너를 따라 내려오는 발자국 소리

계단 아래 다른 침입자가 서성거리며 네 뒤를 쫓고

정적 사이 앙칼진 눈빛, 코너링을 하면 눈이 부셔, 누군가의 낯선 발소리를 엿듣고 힐끗 몸을 돌리면 날카로운 발톱을 세우고 종량제봉투를 뜯는 소리

  브루투스, 너마저
  동족의 등에 칼을 꽂다니

  며칠째 앓는 소리, 골목의 밤이 탐정이 되어 네 꿈속까지 추적해 들어가면 고요가 고요를 밀어내는 소리, 추적추적 비를 뚫고 들어가 혼자 긋는 손목을 멍하니 바라보고, 제발 그러지 마, 너마저, 모氏

  새벽의 계단에 앉아 우 는 소리
  네가 자진해 찾아와 줬으면, 털실로 짠 옷에 폭 안겨 한 올 한 올 그루밍해 줬으면

  안녕 시저, 모氏가 황제를 부르면
  잠시 정적, 구름 한 점이 노닐다 내려와
  품위 있게 황제의 시신 위에 검은 망토를 드리우는 소리

모氏모氏 2

내 뒷덜미를 쳤겠다, 힘껏
급히 지우는, 낯선 난처한
인칭대명사보다 튀어나올 듯 커진
둥그런 네 눈동자에 박힌, 둥그렇게 커진
알 수 없는 모氏, 라고 말할 수밖에 없는 나

네 눈에 헛디딘
모氏의 눈이 된 나, 철 지난 히트곡처럼
떠오르는 소꿉친구, 불알친구, 돈 떼먹고 튄
동창 놈을 거쳐 길게 밟는 브레이크, 서서히 표정이
일그러지며
넌 어깨를 으쓱, 잘...못...봤네요...죄송...

고개를 숙이는 둥 마는 둥
황급히 돌아서는, 황망한
웃음과 울음의 경계 밖, 모르는 국제전화 번호처럼
어처구니없어 반짝였다 스러지는
모氏모氏, 한참을 꼬나보아도

초점 없이 사라진 거리의

마임 아닌 마임, 표정 아닌 표정

뒤통수만 보이는, 내 눈을 벗어난
한순간에 낚인, 보이스 피싱처럼
훌쩍 선을 넘어오는, 고장 난 브레이크를
보고 있는가, 목소리에 수배를 걸어 놓아도
불쑥 넘어와 치고 가는 뺑소니범의
백미러의 농담을, 웃고 우는 눈을

내 뒷덜미를 쳤겠다, 있는 힘껏
얼얼한 죽음의 전령사, 그 손아귀를 붙들고
그 정도면 됐어, 이번엔 내 차례야
아무 일도 없어, 젖 미던 힘으로
유통기한이 지난 통조림 속 내 등에 낀 서리를 치고
가는

모氏모氏, 날 연주하는 익명의 노래가
대낮의 날 관통해
어디론가 버스킹의 유령처럼 빠져나갔다

파도타기 1
– 서퍼와 래퍼

1

물감과 화구가 떨어지자
추상에서 구상으로 돌아와, 그는 벽 앞에 섰어

파도 위 고래를 그리는 벽화 화가가 아니라 밑그림을 조각조각 색칠하는 화공 일이 좋아
구청에서 주는 도안을 받아
벽에 색칠만 하면 되는 일
몇 사람의 구직자와 합을 맞춰
정해진 무늬에 따라, 마음을 쓰지 않고 질서정연하게 베끼는 일

띄엄띄엄 폐가만 남은 동네
벽에 핀 곰팡이를 지우고 그림을 덮는 일

벽이 그에게 열어준 첫 전시회
펼쳐진 백지 위, 주춤할 필요 없이
바다에 뛰노는 고래에 색을 입히는 일, 흰 배를 드러낸
누군가의 머릿속으로 들어가 구상이 되는 일

그러다 밑도 끝도 없이 빠져들어가
고래뱃속에서 그도 그 누구도 사라지고, 그림이 되는 일이 좋아

2

파도를 잡기까지 좀 더 북쪽,
살아남으려면 이글루 속이라도 들어갈 거야

꿈속까지 파도에 먹혔다가 고래에 삼켜진 그와 나,
빛 한 조각을 붙들고 고래뱃속
어둠의 아가리를 찢으며 울부짖는 너와 내 울음주머니가 되었어

울컥 내뱉는 소리에 기절,
기적도 기척도 없이 닿은 해변

파도에 형체가 사라질수록 우린
눈과 가슴만 남아 얼음처럼 형형해지는 사이

얼음을 깨물며 닿는, 여긴 어딘가
들어갈수록 물을 수 없는 빙하의 바다로 빠져드는 사이

3

희게 파도를 칠할 거야, 도안이 없어도
별을 따라 항해하던 바다를 덥석 꿈속처럼 물고
고래 피로 물든 입을 쓰윽 닦고
혓바닥을 내밀어 뜨거운 북극 바람 맛을 볼 거야

우린 고래뱃속에서 다시 태어날 거야
서로의 심해 속 빠져 죽어도 좋아

내 몸을 저 그림 바깥으로 게워 내 다오
이건 벽의 환영, 진짜가 보고 싶어?
벽화는 무심한 듯 물었어
난 대답했어, 이 거친 바다에서 그림 따위가 무슨 소용이람
화구랑 물감 통이랑 던져버리고
유체이탈 화법으로 외항선을 탈 거야, 광포한 삼각

파도를 헤치고

　지느러미 큰 물너울로 덮쳐오는
　아무도 겹쳐지지 않는, 귀신고래 얼굴을 하고

　내 앞을 가로막고 선 고래
　핏줄이 터지도록 네 다리를 덥석 물고
　한바탕 물감을 쏟아놓고 질풍노도처럼
　캔버스를 찢고 날생선처럼 싱싱한 추상의 바다로
　우릴 끌고 들어가도 좋아

　우린 친구니까, 서로를 몰라도
　지옥의 비명이 심해의 천국을 울려도 좋아

　고래 지느러미의 악수를 뿌리치고
　파도를 껴안고 뒹굴다 벽을 타고 넘어가
　다른 행성의 바다
　서퍼의 발이 닿지 않는 첫 해변
　갈 곳 없는 래퍼의 눈동자처럼 휘둥그레져도 좋아

파도타기 2
– 그림자 아이와 고래

1

벽에 달라붙어 떨어지지 않는
조무래기의 그림자, 벽화 그리는 일이 신기한 모양
방금 동화 속 나라에서 나온
물고기와 벽을 타고 흐르는 파도
그 색감과 모양이 구미에 딱 맞았는지도

같이 서핑하러 가
알록달록 파도의 색감을 타고 가면
이상한 나라의 앨리스가 될 거야
노랑 파랑 분홍고래에 몸을 맡긴 채
당도할 곳 없는 그림 속을 돌아다닐 거야

도안도 데생도 없이
파도를 치며 그리며 또래들과
한 자리를 맴돌며 그림자 밟기 놀이를 해도 좋아

2

벽화를 그리고 온 밤
물에 빠진 꿈을 꾸었어, 칠흑 같은 밤
앨리스, 앨리스 부르며
혼자 구석에서 눈물을 닦는 너

울부짖듯 네게 달려드는 건
벽만이 아냐, 비스듬히 벽화가
머리를 찧을 듯 마구 무너져 내릴 때
색이 흘러내린 벽, 낡은 물감이 덕지덕지 말라붙은
고래의 물결파가 울고 있었어

악몽을 밀고 당기며
밤새 칠하고 지우기를 반복하다 못해 닌 부르짖었어

왜 날 버렸어,
이상한 나라의 아이가 어른 목소리를 흉내 내며
밟지 마, 그건 내 그림자야, 호적도 나이도 없는
앨리스 앨리스, 그건
통장도 명의가 없는 내 이름

왜 여기 날 맡긴 거야
첫 바다, 출항 신고조차 못하도록

그림자의 비명이 내 이름이 되었어
여기 선장의 성을 따기 싫어, 대신
아무 이름이나 갖다 붙여도 좋아
벽의 손아귀에 질질 끌려가며
넌 날 붙들고 뜨거운 욕지기를 퍼부으며 절로 랩을 했어

그림자를 찢고 놀며 담벼락에 붙어 지쳐 오르지 못하는 랩
한 자리를 떠돌며 노는 파도타기 랩

난 저지대에서 목을 빼고 널 기다릴 거야
너, 래퍼가 되어
앨리스 앨리스, 너 자신의 노래를 부를 때까지

파도타기 3
- 벽화 그리는 남자

벽이 반쯤 기울어
벽을 뚫고 뛰어나온 그

벽 아래 얼룩덜룩
개와 사람의 오줌 자국을 지우고
서둘러 벽화까지 지우고 그 속에서 벽돌을 깨고 나와

벽화를 망쳤으니
이젠 그도 벽에서 나온 술꾼이 될 거야
밤새 23.5도 기울어진, 벽에 핀 곰팡이꽃에 귀를 대고

술 취한 주정꾼의 구토물이 떠오르는
저지대, 몸이 기울어가는
매축지 마을, 비틀비틀 파도 위 서핑을 끝내도
축대 위 웃고 있는, 바다보다 낮은 아이들을 뚫고 나와

잘 잘린 크레바스 같은 방에서
목이 없는 얼음덩이를 안고
빙하의 면도칼로 가슴을 베인 그 아이들을 따라갈 거야

혀를 내밀고 놀리는 소리
서둘러 벽 속으로 도망쳐 들어간, 촉법 소년소녀들의
등에 금가는 소리, 물감의 색만 휘발 중
얘들아, 이렇게 살긴 싫어, 같이 사라져

아이의 눈물 한 방울이냐
세계 전부냐*, 무게를 재는 꿈
넘어지는 곳이 늘 그 파도인 바다
하나님, 같은 파도라도
붉고 신선한 고래뱃속에서 죽고 싶어요

깨고 나도 귓가의 파도도
주정도 술병도 사라져도, 불타는 모래밭만 펼쳐져 있다

---

* "카라마조프가의 형제들"의 질문 중에서.

파도타기 4
– 안녕, 변기 고래야

벽화를 완성하기 직전
획 하나도 놓치지 않으려는
난 매의 눈을 뜨고 노려보다 표정을 풀고 네게 인사하지
안녕 향유고래야, 파도나 타자

이번엔 벽 속에서 네가 날
부르는 소리, 두 마리의 청록색 물결
너도 어미 고래에 업혀 가는 새끼고래가 되어
숨소리 환한 물을 내뿜으며 내게 작별 인사를 하지
팬티 하나 걸치지 않은 몸으로
고래로 다시 태어난 나도, 파도를 들었다 놓자

잠시 기다려 봐,
칠 작업이 끝난 자리
삐뚤삐뚤 붓이 지나간 자리마다 내 지느러미가 돋아나
우리 서로 허리를 부여잡고 서핑하며 놀자

진홍 물감을 덮어쓰고
어미 젖가슴에서 떨어지지 않으려고

파도를 타다 지쳐, 아무 데나 똥을 뿌리는 돌고래와 함께
벽에서 벽으로 자꾸만 흘러내리자

누구인가, 훌쩍 늙어버린 너
흰수염고래의 주름진 얼굴 뒤
용연향 모조품을 밀수업자와 밀거래하며
고래수염 일행을 따라 방향타를 꺾는 너
육지와 바다를 온통 뒤섞어놓고 도망치는, 천 마리 만 마리
밀항 고래야 안녕, 손 뿌리치며
놀자, 아무 담벼락 밑에 누워
하품하는 외뿔고래의 뿔을 올려다보며
유적지가 된, 어릴 적 공동화장실로 돌아가 랩을 쏟아놓자
네 뒤에다 장물을 숨기고 도망가는 밀항자 등에다
몰래 요강을 비우며 안녕

지느러미 아래 똥구멍이 열려도
몇 번이나 미끄러져도 무릎 성할 날 없어도

매일 고래뱃속에서 다시 태어나
머리 꼭대기에 난 콧구멍으로 숨을 내뿜고
아랫배에 힘을 줘, 한 무더기 똥이나 싸놓자

다이빙 포인트, 바다를 향해 뛰어들자
아무 데나 누울 자리로 보이는 나이가 되면
똥주머니에 용연향을 차고 놀자
뛰고 구르고 춤추는 파도의 랩으로
변기 고래야, 안녕

파도타기 5
– 통곡의 벽

저 벽에 춤추는 댄싱 프레스코화들
여기가 싫어 저기로 간 무희들,
그 율동과 춤의 기품을 배울 거야
외항선원의 자리 하나 얻은 너도
외항과 내항을 따라 바다의 미아로 떠돌 거야

네가 수평선 위 아무 노래나 내지르던
빙하의 포물선, 바다에 거꾸로 선
하루 몇 톤의 빙하의 굉음과
분노의 파장을 완성하기 위해
넌 고래를 쫓아 지구의 머리끝까지 올라탈 거야

그날 넌 멀리 북극으로
오로라의 궤도로 승천하는
황천항해荒天航海 끝, 죽어도 꺼지지 않는 차가운 불과
뜨거운 얼음 사이
귀신고래가 되어, 레이더에 걸릴 거야
그럼 난 변심하듯 변침할 거야

살아 있는 인간과 고래가 춤추는 이 생생한 생사의 벽

그게 아니면 누구나 통곡의 벽
누구도 그 앞에서 살아 있다고 말할 수 없어
벽 속을 관통해 들어가
벅차게 맞는 죽음을

이미 불에 그을린 채 싸늘하게 절규하는 사람들로
인간의 벽화는 넘쳐나고 꿈에서도 범하지 못한 죄
고개를 돌리면 네가 고래를
겨누다 평생의 죄를 꺼내 놓고
벽 앞으로 나와 축 늘어진 네 몸뚱어리에다 네가 작살을
던지려다 말고, 5초 전
춤추는 하나님, 저 오로라에 실려 올라가고 싶어요

그 벽 속의 벽에 안겨
네 차가운 묘비명에 입 맞추고
해저 아래 어둠이 더 닿게, 고개를 세우고
왼쪽 얼굴은 하늘에, 뻣뻣이
오른쪽 머리는 파도에 박을 거야, 꼿꼿이

헉헉 개헤엄으로 숨차게 떠올라
꺼지지 않는 네 머리를 껴안고 컴컴한 골목길 끝
춤추는 프레스코화가 되어, 파도 위 죽은 채 떠오를 거야
침묵에서 부활한, 말과 꽃이 피어나는 곳
어디에도 없어도

제4부
봉고 춤을 추면서

인중
― 서진이에게

눈을 감는 순간
몰래 네 입술이 내 볼에 다가온다면

네 맑은 랩
밤새 내 마른 입술
눈감아도 아는 비린내 나는 비늘을

우리 구개음화 속 뒤섞여
꿀꺽 목젖 뒤도 넘겨도 좋아

병실 창틈으로 스며든 벚꽃 잎, 하늘하늘
우리 마지막 입맞춤이 된다면, 쭈글쭈글

밤의 구취에 젖은
늙은 래퍼의 노래를

입가의 꽃잎을 뜯어내면 아파라
삼키다 목에 걸린 속말이라도, 인중으로 흘러내리는

네 리듬이 살아나, 내 심장이 된다면

혼자 새벽 벚꽃놀이에 취해, 유치한 립싱크라도

물 위로 튀어 오르는 물고기들과
초등래퍼의 가사를 따라 부르며 ^

네 얼굴의 틈새에서 새어 나오는
주름진 물의 음악에 빠져 죽어도 좋아

꽃보다 아름다운

네 옷깃이 바람에 휘날려
수상한 기척에, 나, 회사에서 출장 왔어

상층운 중층운 층층계단을 밟고 내려와
권적운 두꺼운 구름 이불을 얼굴에 덮어주는
상조도 다단계도 아닌, 뜬구름회사야

왜 너 거기 올라가 있어?
말은 하고 싶은데 말이 안 돼?
속 터지지 그럼, 은행 이자보다 높고 답답한
거기서 내려와, 나하고 뜬구름 뭉게구름이나 쌓으며
놀자

너 너무 밝혀. 나보다 헛된 것에
그런 건 너무 추상적이야 천천히
잡아당기는 네 다리 사이로 지나가는
저 느러터진 구름대를 봐

나하고 노는 것보다 구체적인 게 어딨어?
꾸역꾸역 백 천 만 아니라 억 경 해 상단으로

내 말 없는 발이 보여?

비밀이야 이건, 눈으론 안 보여
툭툭 끊길 뿐, 발이 안 보이는
나보다 빠른 속도로
태풍의 눈처럼 그 그림자가 밀려오는 순간 넌 다리 위로 폭등할 거야

이리저리 사방에 꽃잎처럼 문자 날리고
무슨 말인 줄 몰라, 머리 터지고, 사랑 장미, 백합 우정
시답잖은 말, 꽃대가 뚝 끊기고
뚫어져라 보면 수심이 뚫릴 것 같아?
무겁게 쌓여 있으면 한순간 무너져 내리는
경계에서 향기 없는 네 신음이, 신의 음으로 들려 와

네 바람이 뭔지
이 지독한 삶의 중독에서 벗어나고 싶은 거잖아

날 봐, 뜬구름회사 출장 서비스 사원
내 명함이 수증기야, 물에 갓 씻겨 나온 네 얼굴은 보

기 싫어
　　날 잊지 마, 꽃말 따위도 싫어

　　내 공란에 널 받아쓰기 전
　　못다 핀 꽃들을 위해

　　돌아서 불러 봐, 네 이름을

랩, 봉고 춤

털털거리는 봉고 안
짐짝처럼 잔뜩 싣고도 남는 옆자리엔, 키보드와 음악을 채웠어

페달 위 발이 올라오고
꾹꾹 건반을 누르며 속도를 붙이면
5킬로 지나 강에 면한 고속도로 휴게소 주차장 한켠
햇볕에 그을린 신나는 박자와 춤이 있는
도돌이표 오일장, 난전에 노래를 팔러 가

아무리 볼륨을 올려 봐도 목과 등짝이 쑤셔오는 삼단 고음,
오늘은 발라드보다 떠들썩한 랩이 좋고
차 뒤 범퍼에 붙여 칸칸이 카세트테이프를 정렬하고
둘 다 치우고 요즘 상종가를 치는 트로트를 틀고
의자에 앉아 꾸벅 졸았어

강가의 가벼운 모래알갱이로 떠돌던 아이 하나
바람의 곁에 기대 상류를 거슬러 헤엄치고 있었어
머릿속 오래전 잃어버린 동요가 떠올라

물살에 키보드 건반을 두드리는 소리
  이거 얼마요 아저씨,
  놀라 선잠에서 깨어나자 찡그린 그림자가 내려다보고 있어

  누가 뭐라는데 옆 아이만 보여
  캠핑카가 들어선 자리에 너무 바짝 댔다고
  머리를 뚝 떨어뜨리다 말고, 아이의 맑은 눈동자 속
  잠이 범람하는 얼굴로
  불법 과태료 딱지 틈에서 노래를 꺼내
  꿈이 다 털린 차 안에 들어가 끙끙대는 핸들을 붙들고 길을 터 줬어

  엉겁결에 그 차 꽁무니를 따라가다
  손을 흔드는 아이에게 클랙슨을 울릴 뻔했어
  와이퍼 대신 손으로 얼룩진 앞 유리를 닦는 체하며
  휴게소 옆 물을 거슬러 오르다 들었던 말은 이게 얼마요, 가 아니라
  기사님, 깨워서 미안한데요, 우리 상류에서 만났잖아요

아이의 고사리 손에 들렸던 건
꿈결에 판, 늘어진 테이프가 아니라 새로 들여온
랩의 박자에 따라 흔들리는 내 어깨와 등지느러미,
귀에 얼얼한 물결 소리와
그 황홀한 혼인색처럼 환하게 웃던 춤
유속보다 거침없이 달리다 바위 모서리에 부딪혀 튀어 오르던,

셀프 주유소에서 쉴 새 없이 흘러나오는
꼬리를 물고 쏟아지는 랩을 곧장 물의 허방에 놓아주기 싫어
두어 개 팔고 남은 노래의 영혼을
서둘러 다 닳은 타이어에 싣고
힘껏 액셀을 밟자, 강바닥이 끌려오는 소리

우린 그 소리에 맞춰 봉고 춤 맘보 춤
괜히 덩달아 어깨춤 깨방정도 떨면서,

랩, 담다디*

시를 쓰지 못했다는 건 거짓말,
난 시를 쓸 수 없었어, 담다디

시가 넥타이 끈처럼 조여 오면
온몸으로 빠져든 물 속의 늪
그 늪의 생존법을 알고 싶었어, 늪 속의 물
나오자마자 솔로곡을 부르고 싶은 꿈에 폐만 부풀렸을 뿐
첫 음조차 잡을 수 없었어

톡톡 이빨로 생달걀을 깨며 난 네게 못된 말을 퍼붓다
폐가 상했어, 날카로운 파도가 내 속을 찔렀어
누런 가래가 쿨렁쿨렁 솟아나
네가 새파래진 방에서 허둥지둥 뛰쳐나오는 소리

취한 말이 난파선을 타고 쿨렁쿨렁 내려와
우리를 빨아들이는 미친 소용돌이 속
물의 스크럼을 짜고 흘러가는 담다디,
닫힌 문 앞 사랑의 금지곡을 악보에 옮겨놓고 싶었어

그 곡, 물이 꺾여지는 곳
네 절대음감이 아니라면 부를 수 없는 곡

물속에 묘비명도 없이 헤어진 너와 나를 뒤흔드는
썩은 갑판과 잔해의 주파수만 듣고 있어
오래전 네 저주와 함께 처박힌 해저 수천 미터 바닷속 울음이 날 삼키기까지
물의 당김음에 빨려 들어간 그곳

미치지 않았다는 건 거짓말,
난 미칠 수 없었어
머리에서 까마득히 내려간 최대 잠수 깊이
심해의 바닥을 치고 민부리고래가, 담다디 다담 다다담 뛰어오르고

깊을수록 깊어갈수록
더러운 내 속에서 틈이 벌어져
생수의 랩이 흘러나오는 곳, 그곳이 심해가 아니라 내 심장 속이라니

내 눈을 파먹은 물고기의 웃음과
고래의 비명이 무덤 속까지 메아리치는, 노래가 끝나는 곳
그곳이 내 시의 입구라니

단 한 번 널 위한 심해 음악회를 열기 위해
수만 번 불러보는 노래, 고귀한, 순결한 자매인 물을 주셨으니**

구명정이 내 깊이까지 내려와, 손을 내미는
방언의 랩이 차례로 부레를 터뜨리는 소리

---

* 가수 이상은이 부른 노래 제목.
** 성 프란치스코.

랩, Heartbreaker*

　방금 내게 스친 건
　물컹하기도 하고 딱딱하기도 한
　피가 비치기도 하고 살이 벗겨지기도 한 랩
　못에서 손이 멀쩡히 놓여나자 진흙과 물이 섞인 채
　심장에 들이치는 랩, heartbreaker

　과녁에서 사라진 곳
　거기 박힌 못이 없어도
　밤마다 어둠에 실금이 가, 나선형의 물기가 배어나
　홈을 파고 누수를 찾아 메워도
　틀어박는 순간부터 서서히 미끄러져, 똑똑 어긋나는
랩, heartbreaker

　손등을 때리는 순간의
　이건 아니에요, 번쩍하는 사이에
　다친 건 손이 아니라
　수도꼭지 호스처럼 늘어난 내 매달렸던
　비명을 내던진다, 후하고 손등을 덮쳐오던 랩핑,
heartbreaker

무너지는 핏속을 겨우 지탱하는
기껏, 벽을 넘어오던
어떤 연장으로도 막을 수 없는 랩, heartbreaker

어디든 벽을 뚫고 나오는
십자드라이버 하나로 간단히 문을 여는 수리공도
벽과 벽 사이 틈은 모르겠지
그 빈틈조차 물과 피가 넘쳐 들이쳐
와르르 벽을 타고 몸을 가누지 못하게 하는 랩핑, heartbreaker

이게 다예요,
내게 손등이 다시 돌아와도
정수리부터 번개처럼 훑어 내려온 랩
더 말할 것 없어 너와 나 벌써**
나선형의 미로 속으로 캄캄하게 쏟아져 들어온 랩, heartbreaker

오늘은 십자드라이버 대신 파이프라인을 쥐고
뽑지 못한 벽을 견디는 못

그 못으로 더 깊은 밤하늘을 뚫고

피의 계단 위에서, 고개를 떨군 한 구의

시신이 내려와 물 빠진 과녁 한가운데, 내게 박힌 랩
핑, heartbreaker

---

* 가수 지드래곤이 부른 노래 제목.
** heartbreaker 가사 중에서.

랩, Gee Gee*

바다가 보이는 다리 난간에 놓인
베고니아 꽃, 뿌리가 없는
손에 닿을 듯 튀어 오르는 파도에
Gee Gee 헛구역질을 해대며
입에서 벌건 저물녘을 떨어뜨리고 있다

머리가 터질까 봐 시를 못 쓰는
너를 만나러 가는 저녁
소녀는 베고니아 꽃이 아름다워
다리 위 계단을 콩콩 구른다
(못 다 쓴 시처럼 소녀와 베고니아 사이로 Gee Gee 도 흘러내려)
　바다의 푸른 난간 아래 아슬아슬 피어 있는
　저문 꽃들의 거리만큼

계단 아래 벌써 네가 나와
난간을 붙들고 서 있는 날 부른다
두 손을 흔드는 수변공원의
베고니아가 꽃잎 대신 어딘가 머리를 박고 있는
소녀의 벌어진 입에 입 맞추는 저물녘

소녀와 베고니아 사이에 네 얼굴과
　내 뒤통수가 교차하고 거리는 사라지고

　안녕, 사방에 진동하는 랩과
　막 꽃 피우려는 너의 시와
　다리 위 다리가 다 비치는, 물끄러미 물고기와
　지느러미 빛내며 소녀의 등을 두드리는 소년에게도, 안녕
　꽃들이 버리고 간
　파도 소리 밖 서서 토하는
　내 더러운 정수리 위에도, 저 Gee Gee의 래퍼들에게도
　소녀는 베고니아를 건너 바다의 계단으로 내려가는 게 아니라
　베고니아가 흩날리는 꽃잎처럼 하늘하늘 우리에게 오는 것이다

---

* 가수 소녀시대가 부른 노래 제목.

랩, Surfin USA*

오늘은 네 생일,
오래된 카세트테이프에서 네 목소리를 복원했어

내가 널 밀쳐내는지
네가 날 모래의 바깥으로 밀어내는지

싸우는지 껴안는지 파도 속
꺼끌꺼끌 낼름낼름, 수염과 혀를 번갈아 내밀며 장난치는지

모르겠어, 기억이 희미해져
네 목소린지 내 목소린지

발을 걸어 프리스타일로
널 넘어뜨린들, 목소리 사이로 Surfin USA가 생일축하곡이나 신나는 랩으로 들리진 않아

폐렴을 앓았을 때 그 거친 테이프의 물소리가
가슴에 박히든 리듬과 두 음절 비트로 쪼개지든

그게 나와 무슨 상관이야

날 그냥 묻어 줘

이안류에 휩쓸려 누군가의
짧은 비명과 떠들썩한 해변 플로우

벌거숭이 아이도 연인의 스텝도 사라지고
해변이 검은 슈트를 입은 구조대원들의 독무대가 되기까지

고래 꼬리 목걸이가 빛나는 서퍼의 목에서
영혼 없는 돌고래 울음소리가 새어나오고
USA Surfin, Surfin USA
보드가 뒤집어지도록 끝나지 않는 노래

기일 축하합니다, 주르르
뒤로 감긴 테이프가 버튼 하나에 뚝 끊기고

차가운 음질에 얼굴이 갈린
모래인간이 서걱서걱 네 몸 속에서 걸어나오고 있어

---

* 가수 비치 보이스가 부른 노래 제목.

랩, 거시기쏭*

거, 한 고래가 하관하는 날
거, 에서 남해로 피난 내려왔다
거, 앞바다까지 쓸려 내려온 멸종위기종
거, 귀신고래를 쫓다, 작살을 든 채 어색하고 서투른 동작으로
거, 대신 육지의 미련퉁이 괴수를 겨누다

거기, 숭어 상괭이 울음소리 끊어진 부산항 부두
거기, 바다를 호령하다 실패하다
거기, 작살을 내린 채 누워 있어, 발 아래는 정적
거기, 자다 깨다 폐어의 가쁜 숨소리를 내뱉다
거기, 이빨 사이로 온종일 적에게 썰을 푸는

거시기, 달린 내가 당신에게 손 내밀면
거시기, 뿌리치지 못하고 간신히 항해에서 돌아온 이북 사투리
거시기, 술고래가 한 손엔 소주병 한 손엔 내 손을 잡고
거시기, 큰 지느러미로 휩쓸고 다니며
거시기, 인 줄 알았는데 이미 거시기가 아니라고

거시기, 에 찔린 옆구리를 뒤틀다

거시기, 로 잡아 올린 셀 수 없는 고래의 수효만큼
　거시기, 앞에 선 당신
　거시기, 속 묘혈을 파려다
　거시기, 한 숨도 접고 시간에 납작 눌린 별종 물고기 화석이 되려 한다

　거기, 더듬더듬 지느러미로
　거기, 누구 있나, 겨우 꺼낸 혼잣말을
　거기, 숨과 숨 사이 이 빠진 사투리로 말하려다
　거기, 정통으로 고래 숨통을 끊어놓으려고
　거기, 튀어 올라 허공에서 덤벙거리다 고출력 포경선에서 수직 다이빙
　거, 미련곰탱이라도 때 되면 다 가
　거, 말고 아무 데나 가
　거, 보다 튼튼한 이동식 침대에 실려
　거, 거기, 거시기, 곁에 나란히 누워
　거, 내 손을 잡고 아버지를 실은 포경선, 서둘러 출항한다

---

* 가수 효도하자닷컴이 부른 노래 제목.

랩, 죽어도 못 보내*

4시 50분
아무리 바다가 깊어도, 파고가 높아도

래퍼가 입을 열어도
힙합전사가 입 좀 다물어, 외쳐도

돈 떼어먹은 너를 찾아
밤바다 끝까지 가도

배신당한 침묵 한 마리 입에 물고
미끄덩대다 두 발이 빨려 들어간 곳, 심해 막장
막장은 내게, 막창은 네게
항문이 없어 꿈속에 떨어진
그 밑 빠진 고래뱃속 모텔 변기까지 내려가도

욕조 배수구에 빠져
관에 실려, 남은 건 닳아빠진 힙 뿐이라도

물, 불 물고 물려도
물불 가릴 수 없이 꺼진 랩도 다시 보자

서로의 몸을 데우려고 허공을 껴안아도
아무리 오래 노숙한 바다라도

아프지 않게 뽑아낸 두 눈으로
다 소화되지 못한 지느러미를 보고 또 봐도

어디 가, 시계가 죽어도
가위눌린 꿈속 초침이 무거워도
물고기 뼈에 붙은, 한 점 살점에 매달린 가시를 빼내도
속으로 내지르는 일분일초
55분 55초, 뱃속까지 물때가 차도
놀리듯 물을 뿌려대는 날치 날개, 입안으로 넘나들어도

통통 불어터진 비명을 건져 올려도
위는 사람, 아래는 물고기
반인반수의 몸, 선잠에서 깨어나도

흥건한 꿈속, 뭍을 앞에 두고 발도 내밀지 못해

폼이야 허세야, 아무렇게나
허우적거려도, 고급시계의 알리바이만 떠오르는 래
퍼라도

어쩌고, 막장의 물과
저쩌고, 막창의 불이 합쳐, 59분 55초
끝의 끝에 처박혀, 이 자살 공연에서 꺼내 다오

코를 틀어막고 필사적으로
시취를 맡으며, 쿵쿵 1초 전
아무 짓 안 해도, 시계만 재깍재깍 침이 말라도

바닥의 리듬을 치는 걸 허용해야 해, 시작도 하기 전
커튼콜이 내려와 5시 정각이 울어도

---

* 가수 2AM이 부른 노래 제목.

랩, 삐에로는 우릴 보고 웃지*

실내엔 옛날 영화가 틀어져 있고
하룻밤에 훌쩍 늙어버린 얼굴, 최선을 다해 무표정하게
욕조에 앉아 천장을 향한 눈

뭘 보고 있는지 몰라
무성영화 같은 반신욕조 속
반은 바닥이고 반은 목이 잠긴
반은 과거고 반은 미래라고 말하는 네게
마른 물속으로 돌아가라고, 아직 네 몸에 구멍 아홉 개가 남아 있다고

네가 판 구렁텅이, 내 영혼의 구멍이라고
아직 날 믿지 못하겠냐고

하긴 죽은 채 누워 있는
데스마스크, 재방영 때마다 출연하는
새벽 3시 신원미상의 영화 속 엑스트라처럼
네가 미라로 말라가도, 아무도 찾지 않는데
어디로 돌아가란 말인가

어디로 돌아갈 수 있단 말인가

마른 어깨 위엔 상처 자국
욕조 바닥에 찍힌 꼬리뼈 흔적

영상과 소리와 물배만 찬
공복의 대사와 혼잣말과 딱딱히 굳은 장벽과
아무도 믿지 못하는, 믿고 싶지 않은
멀거니 벽에 꽂힌 동공과
불빛 몇 점 둥둥 뜬, 필름이 돌아가다 멈춘 박제인간
피에로, 네게서

액체 랩이 비어져 나온다,
롱 롱 테이크, 내장 비만의
쭈글쭈글 끌어안은 뱃살과 허기 사이
희고 꾸불텅꾸불텅한 화면과 자막 사이, 투 비 컨티
뉴드
한 번도 지어본 적 없는 표정이

일곱 개의 구멍이 열리고

눈과 코 사이 하염없이 길고 단단한 랩이 흘러나와
길게 뻗은 홈에 걸려 물큰한
아래턱에 닿기 전 방울져 흐른
검은, 눈물이

---

* 가수 김완선이 부른 노래 제목.

해설

파동, 파도, Wave, 그리고 랩의 시학

박대현

1. 시와 파동(wave)

신체는 언제나 파동(wave)으로 일렁인다. 안정되고 평온한 느낌을 주는 신체의 파동도 있지만, 정체불명의 전율을 주는 이질적인 파동 또한 존재한다. 신체 내부 깊숙이 저장된 무의식으로부터 시작되는 파동이 있고, 외부 세계의 물상이 주는 충격에서 비롯되는 파동이 있고, 세월호·이태원 참사에서도 보듯 외부의 사건이 촉발하는 파동도 있다. 외부 세계 또한 파동으로 일렁이고 신체 내부 또한 파동으로 일렁인다. 신체는 언제나 외부 세계와 파동으로 연결되어 있다. 신체 내부와 외부의 구분은 피상적인 것이다. 신체 자체가 10^{28}개의 원자로 이루어져 있듯이, 신체는 외부 세계의 파동으로 자유로울 수 없다. 원자를 이루는 입자(particle)들의 떨림, 즉 스핀(spin)이 신체의 가장 근본적인 파동을 이루고 있으며, 그것은 원래 외부 세계의 것이었다. 미시적인 차원에서 신체와 외부 세계는 파동으로 이어진다.

다른 점이 있다면 신체는 의식을 가진 생명체라는 사

실이다. 신체는 생명 자체의 파동을 만들어 낸다. 자율적인 물질대사가 인간의 신체 내부에서 이루어지며, 외부 세계의 파동을 신체 내부에 저장함으로써 신체의 자율적인 파동을 형성한다. 신체의 자율적인 파동은 인간의 감정과 의식을 형성하는데, 그것이 이른바 정동(affect)이다. 정동은 신체, 감정, 의식의 경계를 오가는 일종의 파동이다. 따라서 정동은 언어로 코드화되기 이전의 것이다. 정동이 언어로 코드화되는 순간, 정동이 갖는 지속(durée)으로서의 성질을 잃어버린다. 정동과 언어는 서로 빗겨나가는 운명이므로 정동을 표현하는 언어는 언제나 정상성을 벗어날 수밖에 없다. 그것이 시다.

시는 신체 내부의 파동으로 시작한다. 그것은 언제나 언어의 고정된 의미를 벗어나는 것, 다시 말해 언어의 코드화를 거부하는 정동의 형태, 즉 파동을 지향한다. 신체 내부의 파동은 춤, 음악, 회화, 조소 등의 예술 양식으로 표현될 수 있겠으나 시의 경우 언어로 분출된다. 그러나 언어는 그 자체의 속성인 분절성으로 인해 신체의 파동을 조각조각 낸다. 그래서 시의 언어는 최대한 파동을 닮아가려 애쓴다. 아니, 애쓴다기보다는 시의 언어는 신체의 파동으로부터 나오는 것이므로 언어가 갖는 의미의 고정성을 초과한다. 시의 언어는 물리학에서 말하는 입자(particle)의 이중성(duality)을 닮아있다. 입자가 파동성과 입자성을 지니고 있듯이, 시의 언어 또한 의미의 입자성과 파동성을 지니고 있는 것이다.

다니엘 올브라이트(Daniel Albright)의 '양자 시학(Quantum Poetics)'에 따르면 시의 언어는 입자성과 파동성을 동시에 지닌다.[1] 언어의 입자성으로 기우는 입자 시학(particle poetics)은 언어의 의미와 이미지의 구분과 경계를 유지하는 동시에 언어의 의미와 이미지들이 원자, 분자, 결정(crystal)으로 진행함으로써 더 큰 의미 체계로 조직되는 위계적인 구조를 가능하게 한다. 그러나 언어의 파동성으로 기우는 파동 시학(wave poetics)은 언어의 의미 그 자체에 구속되지 않으며, 중요한 것은 시인과 독자를 하나로 이어주는 파동의 감응적 흐름(telepathic stream)이다. 시어는 비유컨대 파동이 자유롭게 통과하는 에테르와 유사한 기능을 할 뿐이다. 파동 시학은 시어의 경계를 무화시킨다. 무용수가 사라지고 신체의 유연한 곡선만이 남듯이 파동 시학의 시는 언어의 흔적이 사라지고 파동만이 남는다. 김세윤의 시가 그렇다.

2. 랩과 기호의 개방성과 파동성

김세윤의 시는 파동 시학을 추구한다. 그의 시는 언

---

[1] Daniel Albright, *Quantum Poetics*, Cambridge University Press, 1997, 16-20쪽.

어의 입자성을 넘어 파동성을 향해 나아간다. 김세윤의 시집 제목이 선언하듯이, 그의 시는 '래퍼의 노래'다. 그것은 랩(rap)이다. 랩은 말과 노래의 경계에 있지만, 랩 자체가 가지고 있는 읊는 듯한 고유의 리듬이 핵심이다. 랩은 가사도 중요하지만, 비트(beat)가 생명이다. 규칙적이거나 불규칙적인 비트를 따라 읊조리는 듯한 랩이 발화된다. 랩이 주는 감각적 충격은 가사 내용보다는 리듬에 의해서 발생한다. 가사의 내용은 랩의 리듬과 함께하긴 하지만 후행적으로 이해되는 경우가 대부분이다. 랩의 읊조리는 듯하면서도 격정적으로 내뱉는 발화의 리듬은 가사를 이루는 낱말의 경계를 뛰어넘는 파동의 충격을 준다. 가사를 이루는 음절은 파동 속에 용해된 채로 흘러간다. 랩의 리듬은 심장을 두들기는 파장 짧은 파동의 힘을 지닌다. 이것이 랩의 감각적 충격의 본색이다.

  김세윤의 시는 랩의 리듬을 추구한다. 그렇다고 해서 그의 시가 랩의 라임(rhyme)을 일관되게 구현하고 있다는 뜻은 아니다. 부분적으로 라임을 형식적으로 차용하긴 하지만, 그의 시는 랩의 라임이 아니라 랩의 리듬이 지니고 있는 파동성을 추구한다. 랩의 대중음악적 위의가 가사와 함께 랩의 강렬하고도 밀도 높은 리듬 위에서 생성되듯이, 김세윤의 시 역시 언어의 선조적 질서 아래로 흘러야 할 모종의 파동을 만들어 내는 시적 실험을 감행한다. 그의 시가 랩에 육박하는 파동성을 생성해 내는 이유는 시어로부터 촉발되는 의미의 입자성을 넘어서서 유려하면서도 발랄한 리듬을 시의 저류에서 생성해 내고 있기 때문이다. 아래 시를 보라.

 ㄹ로 춤출 수 있다
 ㄱㄴㄷ 다음에 오는 바다, 내려갈 일만 남은

 ㄹㄹ랜드가 여기 있다
 ㄹ이 ㄹ을 거둘 수 없어, 그림자가 날 덮는 대신
 잠깐 서운한 표정을 지어 주었으면 좋겠다, 듀엣곡처럼 저 골목 끝, 창을 울리며

 루돌프 사슴코가 온다
 크리스마스 무렵 미포 바다로 넘어갈 때 막대풍선이 ㄱ춤을 추었다
 묶음의 발이 꼬여도, 내 손바닥에 반짝이는 붉은 콧물

 루돌프, 왜 넌 아닌 밤중 날 깨워
 코에 불붙이는 깜짝 이벤트를 준비한 거야

 래퍼 ㄱ, 오늘도 춤출 거야
 해변열차에선 아무리 뛰어도 제자리, 미포에서 송정까지
 코가 닿는 수평선으로 나도 발을 뻗는다

 룰루랄라 왜 넌 발끝이 닿는 공중에서
 영구차를 탄 사람처럼 좋아서 발을 동동 구르는 거야

 발목 신자처럼 난 바다를 건널 수 없어
 파도에게 꺼낸 말이 유서처럼
 내 손에 쥐어져 있다, 가만히 풀면 ㄹ과의 약속이다

 래퍼의 기도문으로 살아나는 랩

라로 시작해 리로 끝나는, 우린 공중레일을 탈 수 없어
캐럴을 흥얼거렸다. 두근대는 가슴을 풀어헤치고
새로 맞춘 푸른 수의를 입고
공중에 라임을 짓는 갈매기, 부리로 끝을 문
ㄷㄱㄷㄱ 뛰는 태동의 랩을 들으며
　　　　　　　　　　　　－「ㄹ로 시작되는 랩」 전문

　이 시는 제목처럼 랩을 표방한다. 'ㄹ'로 시작되는 랩은 "ㄹ로 춤출 수 있"는 랩이다. 'ㄹ' 음소는 그 자체로 리듬을 내재하고 있다는 사실은 널리 알려진 바다. 'ㄹ'은 유음流音임을 상기하자. '흐르는' 소리다. '랄랄라'와 같은 리드미칼한 여음이 어린아이의 입에서조차 자연스럽게 나올 만큼 'ㄹ'의 발음은 수월하고 경제적이다. 혀끝과 잇몸이 닿는 최소한의 움직임만으로 생산되는 리듬이다. 그러니까 'ㄹ'은 의미를 전달하는 기호가 아니라 특정한 의미 없이 리듬을 내포하는 기호라고 할 수 있다. 음운들의 결합을 통해 생산되는 의미가 의미의 입자성에 감금되어 있다면, 'ㄹ'처럼 리듬의 파동을 내포하는 기호는 자유롭게 의미의 경계를 넘나든다.
　'ㄹ로 시작되는 랩'이라는 제목은, 의미와 의미의 분절을 넘어서 자유롭게 왕래할 수 있는 파동의 시학을 선언한 것과 다르지 않다. 각 연의 첫 행마다 배치되고 있는 'ㄹㄹ랜드', '루돌프 사슴코', '래퍼 ㄱ', '룰루랄라' 등은 비유기적인 환유성을 띤다. 시간, 공간, 논리의 최소한의 인접성도 없이 결합된 기호들은 자유롭게 서로의 경계를 넘나든다. 그것을 가능하게 하는 것이 'ㄹ'을

공통음으로 하는 리듬의 파동이다. 파동은 분절되어 있지 않다. 그것은 기호들의 경계를 자유롭게 파고들며 넘나든다. 특히 '래퍼 ㄱ'은 "ㄱ춤"을 추는 "막대풍선"이다. 바람에 'ㄱ'자로 꺾인 막대풍선의 움직임 속에서 들리지 않는 세계의 랩을 읽어낸다. 그것은 '묵음'의 랩이기도 하다.

시인 특유의 랩은 "ㄱㄴㄷ 다음에 오는 바다, 내려갈 일만 남은/ 거리"에서도 "묵음의 발이 꼬여도"는 자유로움 속에 있다. 시간과 장소에 구애되지 않는다. 그런데 왜 하필 묵음인가. 인간과 인간, 사물과 사물을 연결하는 진정한 리듬은 귀에 들리지 않는다. 의미에 집착하면 할수록 세계를 관류하는 근원적인 리듬을 들을 수 없다. 인간이 지구의 자전 소리를 듣지 못하듯이, 근원적인 리듬은 인간의 청역대聽域帶를 벗어나 있다. 하물며 의미의 입자성에 사로잡힌 이들에게는 더 말해 무엇하겠는가. "ㄹ로 춤출 수 있"는 세계는 "ㄹㄹ랜드"다. 필시 영화 '라라랜드'를 떠올리게 하지만 'ㄹㄹ랜드'는 '라라랜드'라는 대중 영화의 기호로부터도 벗어나고자 한다. 그런 의도조차도 의미를 내포하므로 그런 의도가 아니었어도 관계없는 기호가 'ㄹㄹ랜드'다. '라라랜드'를 뭉갬으로써 더욱 개방되는 기호가 'ㄹㄹ랜드'다.

자유롭게 개방된 기호들은 시적 환상을 직조한다. 미포에서 송정까지 이동하는 해변열차의 현실적 공간은 'ㄹㄹ랜드', '루돌프 사슴코', '래퍼 ㄱ', '룰루랄라' 등을 통해서 환상적 공간으로 변모하게 되는 것이다. 'ㄹ'음이 주는 경쾌한 리듬 속에서 시인은 의미로부터의 해방을 추구한다. "영구차를 탄 사람처럼 좋아서 발을 동동 구르는 거야"에서 영구차는 무엇을 뜻하겠는가. 격자 형태로 직조된 그물망과 다르지 않은, 현실 세계의 의미망에 대하여 내리는 사망선고와 다름없다. 세계의 실재는 격자 형태의 그물망 사이로 대부분 빠져나간다. 우리가 알고 있는 세계는 물기 가득한 그물망의 형태에 지나지 않는다. 세계의 실재는 '바다'에 있다. 그래서 시인의 '해변열차'는 "바다" 건너 "수평선"까지 닿기를 갈망한다. 쉽게 "바다를 건널 수 없"는 것도 사실이지만, "새로 맞춘 푸른 수의를 입고/ 공중에 라임을 짓는 갈매기"처럼, "부리로 끝을 문/ ㄷㄱㄷㄱ 뛰는 태동의 랩을 들으며" 바다를 자유롭게 건너가려 하는 것이다.

이미 짐작했겠지만 "ㄷㄱㄷㄱ 뛰는 태동의 랩"에서 'ㄷㄱㄷㄱ'은 '두근두근'의 초성을 나열한 것이다. 이처럼 그의 시는 초성의 나열을 통해 본래의 기호를 뭉개는 전략을 구사한다. 이 전략의 시적 효과는 기호 너머 실재를 향한 소환이다. 언어 기호는 대상을 지시하는 동시에 대상의 실재를 상당 부분 결락시킨다. 이때 역설적이게도 언어를 뭉갬으로써 대상의 실재를 향한 밀접성이 더욱 높아질 수 있다. "태동의 랩"으로 발생하는 우리 신체의 전율이 겨우 '두근두근'이라는 기호에 감금될 수는 없지 않은가. 신체의 전율과 언어 기호는 접점을 가지는 동시에 서로를 배반한다. 보다 정확히 말한다면, 언어 기호는 신체의 전율을 드러내는 최소한의 효율적인 형식이다. 그러나 기호의 효율성에 반비례하여 대상의 실재는 많은 것이 결락된다. 초성으로 뭉개진 기호는 결락된 대상의 실재가 되살아나는 통로로서 기능한다. '두근두근'은 신체에 대한 기존의 관념을 환기시키지만, 'ㄷㄱㄷㄱ'은 미지의 실재를 불러낸다. 미지의 실재는 고정된 입자가 아니라 분할선이 없는 파동으로 밀려든다. 이 시집 전체를 관류하는 시적 전략의 핵심이다.

3. 랩의 '파도(wave)' 타기와 세계의 실재

자유와 해방의 공간은 언제나 바다다. 출렁이는 바다의 물결은 특정한 형태를 강요하지 않으며 그 경계 또한 존재하지 않는다. 바다를 지배하는 것은 파동의 힘이다. 바다는 파동의 힘이 출렁이면서 자유와 해방의 원형을 이루는 상징적 공간이다. 김세윤의 시에 '바다'가 지배적인 이미지로 등장하는 것은 '랩'의 활달하고 자유분방한 리듬을 체현하기에 바다라는 공간이 시적 기질상 가장 알맞은 공간이기 때문이다.

> 저 벽에 춤추는 댄싱 프레스코화들
> 여기가 싫어 저기로 간 무희들,
> 그 율동과 춤의 기품을 배울 거야
> 외항선원의 자리 하나 얻은 너도
> 외항과 내항을 따라 바다의 미아로 떠돌 거야

네가 수평선 위 아무 노래나 내지르던
빙하의 포물선, 바다에 거꾸로 선
하루 몇 톤의 빙하의 굉음과
분노의 파장을 완성하기 위해
넌 고래를 쫓아 지구의 머리끝까지 올라탈 거야

그날 넌 멀리 북극으로
오로라의 궤도로 승천하는
황천항해荒天航海 끝, 죽어도 꺼지지 않는 차가운 불과 뜨거운 얼음 사이
귀신고래가 되어, 레이더에 걸릴 거야
그럼 난 변심하듯 변침할 거야

살아 있는 인간과 고래가 춤추는 이 생생한 생사의 벽
그게 아니면 누구나 통곡의 벽
누구도 그 앞에서 살아 있다고 말할 수 없어
벽 속을 관통해 들어가
벽차게 맞는 죽음을

이미 불에 그을린 채 싸늘하게 절규하는 사람들로
인간의 벽화는 넘쳐나고 꿈에서도 범하지 못한 죄
고개를 돌리면 네가 고래를
겨누다 평생의 죄를 꺼내 놓고
벽 앞으로 나와 축 늘어진 네 몸뚱어리에다 네가 작살을
던지려다 말고, 5초 전
춤추는 하나님, 저 오로라에 실려 올라가고 싶어요

그 벽 속의 벽에 안겨
네 차가운 묘비명에 입 맞추고
해저 아래 어둠이 더 닿게, 고개를 세우고
왼쪽 얼굴은 하늘에, 뻣뻣이
오른쪽 머리는 파도에 박을 거야, 꼿꼿이

헉헉 개헤엄으로 숨차게 떠올라
꺼지지 않는 네 머리를 껴안고 컴컴한 골목길 끝
춤추는 프레스코화가 되어, 파도 위 죽은 채 떠오를 거야
침묵에서 부활한, 말과 꽃이 피어나는 곳
어디에도 없어도
  ―「파도타기5―통곡의 벽」전문

시인의 랩은 '프레스코화들'마저 춤추게 한다. "저 벽에 춤추는 댄싱 프레스코화들"은 "여기가 싫어 저기로 간 무희들"이다. 왜 하필 프레스코화를 끌고 오는가. 프레스코화는 주로 중세 교회의 건물 벽면에 그려진 벽화다. 그것은 일반적인 회화와 달리 벽면과 하나가 되어 영구적인 성격을 지닌다. 건물의 역사와 일체화된 프레스코화는 건물이 내포하는 종교적·문화적·시대적 의미로부터 자유롭지 못하다. 시인은 벽면에 단단히 고정된 프레스코화를 파동처럼 춤추게 한다. 그것은 먼 바다로 나가서 "외항과 내항을 따라 바다의 미아로 떠도"는 무희의 "율동과 춤의 기품을 배"운다. 이는 프레스코화의 입자성을 바다의 파동성으로 전환시키려 하는 발랄한 시적 기획이다.

시인이 구사하는 랩의 파동 위에서 '무희들'은 "고래를 쫓아 지구의 머리끝까지 올라타"는 자유로움을 보여준다. 그러나 "멀리 북극"의 "오로라의 궤도로 승천하는/ 황천항해 荒天航海 끝"에 다달아 "귀신고래"로 되돌아오는 상상의 궁극에는, "살아 있는 인간과 고래가 춤

추는 이 생생한 생사의 벽"이 가로놓여 있다. 시인은 바다의 물결, 혹은 파동(wave)으로 춤추는 프레스코화를 통해 "누구도 그 앞에서 살아 있다고 말할 수 없"는 "통곡의 벽" 앞에서 "벽 속을 관통해 들어가/ 벅차게 맞는 죽음을" 응시한다. 프로이트에 따르면 죽음의 의미는 자기 처벌이다. "고래를/ 겨누다 평생의 죄를 꺼내놓고/ 벽 앞으로 나와 축 늘어진 네 몸뚱어리에다" "작살을/ 던지"고 싶어 한다는 것에서 자기 처벌의 욕망을 확인할 수 있다.

허먼 멜빌의 『백경』에서 고래가 인간의 무의식을 상징하듯이, 고래와의 싸움은 곧 자기 자신과의 싸움이 된다. 시인의 상상이 고래로 이어지고 작살로 고래를 겨눈다는 진술은 "왼쪽 얼굴은 하늘에" "오른쪽 머리는 파도에 박"는 것과 같은 자기 분열을 암시한다. 자기 분열은 고정된 입자로서의 자신의 자아를 파괴하는 일이 아닐 수 없다. 시인은 프레스코화를 통해 단순히 종교적·미학적 감상에 머물지 않고 자기 존재의 분열 속에서 파동으로 항해하는 정신적인 모험을 감행하고 있는 것이다. "춤추는 프레스코화가 되어, 파도 위에 죽은 채 떠오르"는 것. 바다의 파동 위에서 춤추는 '프레스코화'의 좌표점은 이 세상 "어디에도 없"는, "침묵에서 부활한, 말과 꽃이 피어나는 곳"이 아닐 수 없다. 시인의 '파도타기'는 의미의 분할선을 넘나드는, 시인의 내면과 세계의 실재에 대한 시적 천착이다. 그리고 그것은 생명의 실재뿐만 아니라 생명 이전 세계의 실재로 되돌아가는 육체의 '액체 랩'을 응시한다. '액체 랩'을 통해서 인간의 신체와 세계는 하나로 이어지게 된다.

실내엔 옛날 영화가 틀어져 있고
하룻밤에 훌쩍 늙어버린 얼굴, 최선을 다해 무표정하게
욕조에 앉아 천장을 향한 눈

뭘 보고 있는지 몰라
무성영화 같은 반신욕조 속
반은 바닥이고 반은 목이 잠긴
반은 과거고 반은 미래라고 말하는 네게
마른 물속으로 돌아가라고, 아직 네 몸에 구멍 아홉 개가 남아 있다고

네가 판 구렁텅이, 내 영혼의 구멍이라고
아직 날 믿지 못하겠냐고

하긴 죽은 채 누워 있는
데스마스크, 재방영 때마다 출연하는
새벽 3시 신원미상의 영화 속 엑스트라처럼
네가 미라로 말라가도, 아무도 찾지 않는데
어디로 돌아가란 말인가
어디로 돌아갈 수 있단 말인가

마른 어깨 위엔 상처 자국
욕조 바닥에 찍힌 꼬리뼈 흔적

영상과 소리와 물배만 찬
공복의 대사와 혼잣말과 딱딱히 굳은 장벽과
아무도 믿지 못하는, 믿고 싶지 않은
멀거니 벽에 꽂힌 동공과

불빛 몇 점 둥둥 뜬, 필름이 돌아가다 멈춘 박제인간 피에
로, 네게서

  액체 랩이 비어져 나온다,
  롱 롱 테이크, 내장 비만의
  쭈글쭈글 끌어안은 뱃살과 허기 사이
  희고 꾸불텅꾸불텅한 화면과 자막 사이, 투 비 컨티뉴드
  한 번도 지어본 적 없는 표정이

  일곱 개의 구멍이 열리고
  눈과 코 사이 하염없이 길고 단단한 랩이 흘러나와
  길게 뻗은 홈에 걸려 물큰한
  아래턱에 닿기 전 방울져 흐른
  검은, 눈물이
                   ―「랩, 삐에로는 우릴 보고 웃지」 전문

 이 시는 김완선의 댄스곡 '삐에로는 우릴 보고 웃지'에 대한 일종의 후속편(sequel)에 해당한다. 이 시에서 김완선의 '삐에로'는 마침내 마른 욕조 속에서 죽은 채 발견된다. 삐에로는 "하룻밤에 훌쩍 늙어버린 얼굴, 최선을 다해 무표정하게/ 욕조에 앉아 천장을 향한 눈"인 채로 죽어 있다. "반은 과거고 반은 미래"라는 주검의 포즈로, 몸의 절반인 하반신은 바닥에 닿아있고 얼굴을 제외한 상반신은 물이 차있었더라면 잠겨 있을 만한 높이로 "무성영화 같은 반신욕조 속"에 앉아 있다. 김완선의 노래 속에서 삐에로는 '슬픔 아는' 댄서였으나, 이 시에서는 더 이상 "아무도 찾지 않는" 버려진 자로서 무대에 설 수 없는 욕조 속의 주검일 뿐이다.

죽은 삐에로를 발견한 '나'는 "마른 물속으로 돌아가라"고 말하지만, "미라로 말라"갈지라도 삐에로는 돌아갈 곳이 없다. 결국 삐에로의 신체 속에 기입 된 랩의 파동은 "액체 랩"으로 흘러내린다. '액체 랩'은 죽은 몸의 "구멍 아홉 개"로부터 흘러나오는 추깃물이다. '롱 테이크'보다 더 긴 호흡의 "롱 롱 테이크"의 쇼트처럼 추깃물은 천천히 "무성영화"의 고요처럼 흘러내린다. "내장 비만의/ 쭈글쭈글 끌어안은 뱃살과 허기 사이"로 "한 번도 지어본 적 없는 표정"이 흘러내린다. "눈과 코 사이 하염없이 길고 단단한 랩이 흘러나와/ 길게 뻗은 홈에 걸려 물큰한/ 아래턱에 닿기 전 방울져 흐른/ 검은, 눈물"은 삐에로의 신체로부터 빠져나오는 느릿느릿한 추깃물로서의 '액체 랩'이다.

그러니까 이 시는 최종적으로 죽은 삐에로의 눈에서 흘러내리는 '액체'의 리듬에 주목한다. '액체 랩'은 삐에로가 죽은 뒤에도 삐에로의 죽은 육체가 세상으로 기어이 흘려보내는 전언이다. 세계를 지배하는 파동의 리듬 가운데 가장 궁극적인 것은 바로 죽음의 신성한 리듬이다. 미친듯이 자본을 욕망하고 쾌락을 추구할지라도 결국 우리에게 남는 것은 추깃물의 느릿느릿하고 그윽한 리듬이다. 우리 모두는 그 리듬을 따라갈 수밖에 없는 것이다. 이것이 시인의 랩적인 상상력이 가닿은 가장 놀라운 장면으로 이 세계와 인간 육체의 내밀한 본질에 대한 폭로라고 할 수 있다. 시인의 랩은 들리지 않고 보이지 않는 세계의 실재를 드러냄으로써 우리 자신의 운명적 실재를 마주하게 한다. 그 운명의 실재가 랩의 시학으로 우리에게 전해져 오는 것이다. 마치 추깃물과도 같은 '액체 랩'의 파동으로.

4. 무의식의 파동과 가능 세계

1
벽에 달라붙어 떨어지지 않는
조무래기의 그림자, 벽화 그리는 일이 신기한 모양
방금 동화 속 나라에서 나온
물고기와 벽을 타고 흐르는 파도
그 색감과 모양이 구미에 딱 맞았는지도

같이 서핑하러 가
알록달록 파도의 색감을 타고 가면
이상한 나라의 앨리스가 될 거야
노랑 파랑 분홍고래에 몸을 맡긴 채
당도할 곳 없는 그림 속을 돌아다닐 거야

도안도 데생도 없이
파도를 치며 그리며 또래들과
한 자리를 맴돌며 그림자 밟기 놀이를 해도 좋아

2
벽화를 그리고 온 밤
물에 빠진 꿈을 꾸었어, 칠흑 같은 밤
앨리스, 앨리스 부르며
혼자 구석에서 눈물을 닦는 너

울부짖듯 네게 달려드는 건

벽만이 아냐, 비스듬히 벽화가
머리를 쫒을 듯 마구 무너져 내릴 때
색이 흘러내린 벽, 낡은 물감이 덕지덕지 말라붙은
고래의 물결파가 울고 있었어

악몽을 밀고 당기며
밤새 칠하고 지우기를 반복하다 못해 넌 부르짖었어

왜 날 버렸어,
이상한 나라의 아이가 어른 목소리를 흉내 내며
밟지 마, 그건 내 그림자야, 호적도 나이도 없는
앨리스 앨리스, 그건
통장도 명의가 없는 내 이름

왜 여기 날 맡긴 거야
첫 바다, 출항 신고조차 못하도록

그림자의 비명이 내 이름이 되었어
여기 선장의 성을 따기 싫어, 대신
아무 이름이나 갖다 붙여도 좋아
벽의 손아귀에 질질 끌려가며
넌 날 붙들고 뜨거운 욕지기를 퍼부으며 절로 랩을 했어

그림자를 찢고 놀며 담벼락에 붙어 지쳐 오르지 못하는 랩
한 자리를 떠돌며 노는 파도타기 랩

난 저지대에서 목을 빼고 널 기다릴 거야
너, 래퍼가 되어
앨리스 앨리스, 너 자신의 노래를 부를 때까지
　　　　　　－「파도타기 2-그림자 아이와 고래」 부분

시적 화자는 "벽화를 그리고 온 밤/ 물에 빠진 꿈을

꾸"게 된다. "칠흑 같은 밤/ 앨리스, 앨리스 부르며/ 혼자 구석에서 눈물을 닦는 너"를 마주한다. 여기서 '너'는 화자의 꿈속에 등장하는 '나' 자신이다. 즉, '너'는 꿈속의 '나'다. 시적 화자는 "벽화를 그리고 온 밤"에 꿈속에서 울고 있는 '너', 즉 꿈속의 '나' 자신을 서술하고 있다. 여기서 다시 '벽화'를 주목하도록 하자. 벽화는 완성되는 순간 입자의 고정성을 지닌다. 그것은 변화를 모른다. 빛과 바람 속에 풍화되는 정도의 변화만을 허락할 뿐이다. "벽"이 "울부짖듯" 벽화를 그린 '너'에게 "달려"들고, "벽화" 또한 "머리를 찧을 듯 마구 무너져 내릴 때까지" 달려들고, 결국 벽화의 "색"은 외부의 충격으로 "흘러내리"고 만다. 그런데 놀랍게도 벽화를 향해 달려든 것은 고래다. 벽화의 "낡은 물감이 덕지덕지 말라붙은/ 고래의 물결파가 울고 있었어"가 암시하듯이, 고래가 벽을 가격함으로써 벽화가 "무너져 내"린 것이다.

'고래'는 앞서 말했듯이 시인의 무의식을 상징한다. '고래의 물결파'는 고정된 벽화가 지니고 있지 못한 바다의 파동성 그 자체다. 파동은 고정된 틀에서 벗어나 자유롭게 유영한다. 그것은 무의식의 세계다. 이 시의 부제를 보라. '그림자 아이와 고래'라는 부제에 칼 융의 '그림자'(shadow) 개념이 어른거린다. 칼 융의 '그림자'는 인간의 무의식 속에 감추어진 인간 본성의 어두운 측면을 의미한다. 동물적이고 본능적이고 원시적이고

야만적인 것들, 그리고 열등하고 무가치한 것들이 무의식의 많은 부분을 이룬다. 이것이 칼 융이 말한 '그림자'다. 그러나 융에 따르면 '그림자'는 창조성의 원천이기도 하다. 억압의 체계를 붕괴시키고 새로운 세계로 나아가는 사유의 원천적인 힘으로 작용하는 것이 '그림자'다. 그래서 '그림자'는 보이지 않는 무의식의 세계 속에서 자유롭게 출렁이는 '고래의 물결파'로 나타나며, 곧이어 '그림자 아이'인 '앨리스'로 표상된다.

이 '앨리스'는 물론 루이스 캐럴의 '이상한 나라의 앨리스'다. 들뢰즈가 분석했듯이 '앨리스'는 다양한 세계의 가능성에 대한 모험을 감행하는 존재다. 앨리스가 시공간의 논리성과 인과성을 파괴하면서 체험하는 세계가 바로 가능태의 세계, 즉 '가능 세계'다. '앨리스'는 현실화되지 않은 수많은 가능태들을 가능 세계 속에서 경험한다. 그러니까 위 시에서 '앨리스'는 시적 화자가 욕망하는 대상이자 결여缺如한 대상이다. 꿈속의 '너'는 "앨리스, 앨리스"를 호명하며 "혼자 구석에서 눈물을 닦는"다. '너'가 갈구하는 것은 '앨리스'다. '앨리스'는 벽화뿐만 아니라 모든 벽들마저 녹여내는 존재다. 앨리스는 '가능 세계'의 화신化身이다. 벽화 앞에 쪼그리고 앉은 '너'는 "왜 날 버렸어", "왜 여기 날 맡긴 거야/ 첫 바다, 출항 신고조차 못 하도록"이라고 원망하듯 절규한다. 이 절규는 시적 화자인 '나'의 절규이기도 하다. 꿈속의 '너'는 "날 붙들고 뜨거운 욕지기를 퍼부으며 절로 랩을" 한다. "파도타기 랩"을 말이다.

'랩'은 고정된 것의 입자성을 넘어서는 파동이다. "가사는 베껴도 베낄 수 없는 랩"(「새가슴 랩2」)이라고 했듯이 '랩'에서 가사는 부가물이다. 중요한 것은 '랩'이 가진 리듬 혹은 파동이다. 그것은 언어로 포획될 수 없는 세계의 실재성을 간직한다. 따라서 화자에게 '랩'이란 프레스코화 같은 벽화를 벗어나 "고래의 물결파"를 느끼게 하는 파동이자 '가능 세계'를 마음껏 유영하게 하는 '그림자 아이'로서의 '앨리스'와 같은 것이다. 그래서 '나'는 말한다. "저지대에서 목을 빼고 널 기다릴 거야/ 너, 래퍼가 되어/ 앨리스, 앨리스, 너 자신의 노래를 부를 때까지"라고. 시인에게 랩은 '앨리스의 노래'와도 같다. 그것은 "구명정이 내 깊이까지 내려와, 손을 내미는/ 방언의 랩이 차례로 부레를 터뜨리는 소리"(「랩, 담다디」)다. '방언'은 무아지경의 언어로서, 언어의 그물망으로 빠져나간 세계의 실재를 소환하는 언어로서의 파동이다.

윌리엄 제임스의 말로써 이 글을 맺도록 하자. "우리는 세계에 대해 닫혀 있지만, 그 세계는 우리에 대해 닫혀 있지 않다."[2] 언어의 입자성이 우리를 언어의 그물망에 가둔다. 세계의 실재는 언어의 저 너머에 바다처

---

[2] 윌리엄 제임스, 김혜련 역, 『다원주의자의 우주』, 아카넷, 2018, 176쪽.

럼 일렁인다. 그 세계에 접근하고자 한다면, '닫힌 우리'를 벗겨내는 수밖에 없다. 시인에게 그 방법은 랩으로서의 노래다. 그것은 단순한 노래가 아니다. 의미의 입자를 파동으로 전환하는 노래다. 입자는 고립성을 지니지만, 파동은 개방적인 확산성을 지닌다. 그러니까 랩의 시학은 의미의 입자성을 파동성으로 전환시키는 시적 방법론이 된다. 바로 이때 언어의 그물망을 빠져나간 세계의 실재가 "고래 시신들 틈"(「새가슴 팹2」)에서 올라와 심원한 영혼의 바다와 같은 "흉곽의 평원"(「휘파람 언어학원」)을 열어 보이는 것이다.

래퍼의 노래
시와사상 시인선 33

찍은날 | 2024년 11월 01일
펴낸날 | 2024년 11월 05일

지은이 | 김세윤
발행인 | 김경수
주 간 | 박강우
부주간 | 김예강
편집장 | 강혜성
제작총괄 | 이효림
디자인 | 김행선
펴낸곳 | 시와사상사
부산광역시 금정구 부곡동 325-36번지
전화 : 051-512-4142
팩스 : 051-581-4143
E-mail : sisasang94@naver.com
http://www.sisasang.co.kr

등록번호 | 제05-11-7호
등록일자 | 2005년 7월 18일

인쇄처 | 도서출판 세리윤

값 12,000원

ISBN 978-89-94203-33-1 04810
ISBN 978-89-94203-29-4 (세트)

• 본 도서는 2024년 부산광역시 부산문화재단 '부산문화예술지원사업'
  으로 지원을 받았습니다
• 잘못된 책은 바꾸어 드립니다.
• 지은이와 협의에 의해 인지는 생략합니다.